キンボシ西田のひとり相撲ですいません。

西田淳裕
［キンボシ］

はじめに

1991年、にしだあつひろ、4才。

蜃気楼にも似たおぼろげな記憶の風景。

その中に、くっきりとした輪郭がある。

沿道の老若男女の歓声を受け、坂を上がってくるひとりの浴衣姿の大男。

僕の出身地、鹿児島県の徳之島という離島に、「大きくて、強い人がやって来た」。

徳之島出身の46代横綱朝潮太郎の銅像が島に建立されるセレモニーに、朝潮太郎の弟子である小錦関が来訪したのだ。

朝潮太郎が歴代で72人しかいない偉大な横綱のひとりであると知るのは、もっと後のこと。そして、そのセレモニーのときの感動を小錦さんに伝えられる日が来るのはもっともっと後のこと。

当時、幕内で観客を沸かし、活躍をしていたのは徳之島出身の「旭道山」。

徳之島の夕方の空に、大きな花火が舞い上がる。

軽石で描いた小さくゆがんだ円の中で、プロ顔負け、がっぷり四つでつかみ合っていた僕たちはとっさに取組を止め、空を見上げる。

「あぁ、今日も旭道山勝ったね！」

徳之島では、旭道山が相撲に勝つとそれを知らせる花火が上がり、集落全体がその日の勝ち負けを知ることができるのである。

娯楽の少ないと思われるこの島には、日本で一番崇高な娯楽が根付いていた。

初めて鹿児島市内で開催された花火大会を見た少年西田が、乱れ打ちされる花火を見て「今日は旭道山たくさん勝ったんだね！」と母親に言った話は、今では島の民話になっているとか……。


大学生になった僕は、初めて国技館で相撲を生で見た。

狭い土俵の中を圧倒的なスピードと圧力でぶつかり合う力士たちに、ただただ圧倒された。


その後、僕は一生の職業として「芸人」という道を選んだ。

コンビ名は「キンボシ」。

島から出てきて、相撲好きな自分が「いつか芸人として、大都会で大きな花火を打ち上げてやる！」と思い鼻息荒く名付けたのだが、ときに、理想や夢がオーバーランし過ぎた恥ずかしい名前ではないかと感じる夜もある。

でも僕は、夢と理想を追い続け、努力と根性と勇気で叶えてみせた力士たちを間近で見てきた。

そんな力士たちの姿は、芸人という、辛く、勾配のきつい坂道を上る自分の背中をいつも押し続けてくれた。


本書は、私、キンボシ西田淳裕が全身全霊で書き上げた本です。

力士たちから得た、マニアックな情報をあり余るほど載せる「他人のふんどしで相撲をとる」スタイルの本なので、「そんな細かいことまで聞いてないよ」と思う方もいるかもしれません。

先に言っておきます。

この本は、僕に向けて書いた本です。

「ひとり相撲ですいません。」

（ひとり相撲とは、相手もいないのにひとりで意気込むこと）

しかし、僕が今まで見てきた力士たちの血と汗と涙（＋ちゃんこの出汁までも）をインクに変え、したためた一冊です。

私と同じように相撲が大好きなあなたなら、この本とがっぷり四つに組み合って、抱きしめて離さない本になると信じています。

目次

ひとり相撲

その①

西田の大相撲豆知識

白鵬関の恋愛の教科書は、『冬のソナタ』

白鵬関は入門したてのころ、いろんなＤＶＤを観て日本語を学んでいたんですけど、その流れで観た『冬のソナタ』にどハマりしたそうで。それで、いまの奥様とデートをすることになったときも、恋愛経験に乏しかったので、『冬のソナタ』のセリフを参考にしていたとか……。いま思えばむちゃくちゃ恥ずかしいこと言ってたって、ご本人も言ってましたね（笑）。

元日馬富士関によると、負けが込んでくるとハトも寄りつかなくなるらしい

これは元日馬富士関が実際に体験した話で、負けが続いて落ち込んでいるときに公園でハトにエサをあげたら、一羽も寄ってこなかったのでさらに落ち込んだっていう……。ちなみに、芸術家肌で油絵がものすごく上手な元日馬富士関は、負けが続くと絵に集中するそうで、「負けているときこそ、いい色が出る」という名言も残しています。

鶴竜関は自分で相撲協会に手紙を送り、入門を直訴した

モンゴル出身力士の場合、角界関係者を通じてセレクションを受けるのが一般的なんです。でも、そういったツテもなかった鶴竜関は、大学教授だったお父さんの知り合いに手紙を日本語に訳してもらい、井筒部屋入門までこぎつけたのだとか。そのアクティブさは健在で、ロボットレストランに行ったことも。

元稀勢の里関は、少年野球チームに所属していたころから規格外のバットを使っていた

子どものころから大柄で怪力だったという元稀勢の里関。少年野球チームで使っていたバットもかなり重たいもので、以降は誰ひとりとしてそのバットを使っていないという逸話が残っています。ちなみに、野球チームではピッチャーをやっていたほど、運動神経はバツグン。変化球を投げこなすような技巧派だったらしいです。

元豪栄道関がいま一番飼いたいペットは、カワウソ

元豪栄道関は角界でも一、二を争う動物好き。捨てネコを保護したり、クワガタやカメを飼育したりしています。そんな元豪栄道関がいま熱い視線を注いでいるのがカワウソらしいんですけど、最近になって国際取引が禁止されるなど、実際に飼うのはむずかしそうなんですよね……。ちなみに、お母さんはＬＩＮＥツムツムの達人らしいです。

高安関は、中学生の時点で足が32センチあった

中学卒業後の入門時に身長が１８３センチあった高安関。足のサイズも32センチあったそうで、中学では指定の上履きにサイズがなく、校内を外履きで過ごした時期もあったといいます。その後、特注の上履きを作ったらしいんですけど、靴箱にちゃんと入ったんですかね……。

栃ノ心関は、地元のジョージアで歯科技工士の免許を取得している

ロシアとトルコに挟まれたジョージア出身の栃ノ心関も、変わった経歴の持ち主です。元々はサンボという格闘技のヨーロッパチャンピオンで、相撲の国際大会に参加してみたところ、その才能に目をつけられて角界入りすることになったのだとか。力士には器用な方も多いんですけど、義歯を細かく削る栃ノ心関は、なかなか想像できないですよね。

ホラー映画が嫌いな逸ノ城《いち》関、ギリギリ観られるのは『キャスパー』

人見知りであまり感情を表に出さない逸ノ城関ですが、紳士でやさしくて、まわりにすごく愛されているんです。ただ、意外と怖がりが多い力士の中でも相当なおばけ嫌いで、ホラー映画はいっさい観ないそうです。いろんなホラー映画の画像を見てもらったんですけど、唯一「これなら大丈夫そう」と言ったのが、かわいい『キャスパー』の画像でした。

御嶽海関はビールよりもカクテル派

「長野の星」として地元を中心に大変な人気を集めている御嶽海関ですが、お酒はそこまで得意ではないみたいで、甘めのカクテルなら飲むようです。一方で、行くならキャバクラよりもスナック派という、渋い一面も。ちなみに、毎日必ずバナナを1本食べるという、オリジナルの健康法を大学時代からずっと続けているそうです。

玉鷲関は握力が左右ともに92ある怪力の持ち主だが、趣味はクッキー作り

東京にいるお姉さんを訪ねてモンゴルから来日し、たまたま見かけた力士のあとをついていったことがきっかけで片男波部屋に入門したという逸話のある玉鷲関。実は角界一の女子力を誇り、お菓子作りだけでなく裁縫も得意で、枕カバーを自分で作ったりしています。おまけに、元々ホテルマンを目指していたほど、几帳面でキレイ好きらしいです。

正代関のおばあちゃんの名前は、正代正代（しょうだいまさよ）

正代関は本名から四股名をとっているので、おばあちゃんも「正代（しょうだい）」なんですけど、名前がまさかの「正代（まさよ）」っていうレアなケースで。ちなみに、このネタは相撲ファンにはけっこう有名なんですけど、会話中に正代関がポロっともらしたのを、僕がＮＨＫの大相撲中継に出演させていただいたときに初披露したんですよ！

朝乃山関はニベアを塗ってツルツルのお肌をキープしている

朝乃山関は、お肌がむちゃくちゃきれいなんですよ。それで、「何か使ってるんですか？」と聞いてみたら、「ニベア」とのことでした。元々は乾燥肌に悩んでいたらしいので、ニベアすごいなって思いましたね。ちなみに、朝乃山関は近畿大学時代、少年とスネ相撲で勝負する学生力士として『探偵！ナイトスクープ』に出演した経験があります。

千代大龍関の平熱はわりと低め

僕の家で力士の方たちとゲームをやっていたときに、何か小ネタをくださいとお願いしたら、本人いわく「平熱わりと低めなんだよね」とのことでした（笑）。ちなみに、「明月院秀政」という古風を通り越して雅な本名の千代大龍関ですが、「干支」がどんなものなのか知ったのはつい最近のことらしいですね。

水風呂に入るときは腕を組むのが、妙義龍関のスタイル

「大相撲総選挙」でも1位を獲得するほどの人気者ですが、その魅力はなんといっても男らしい相撲っぷり。また、普段の立ち居振る舞いも男らしく、枕元にダンベルを置いているほどの筋トレマニアでもある、侍のような力士なんですよね。そんな妙義龍関は、水風呂に入るときも男らしく腕を組んでいると、仲のいい元力士から聞きました。

応援したくなる部屋がわかる！

西田の推し部屋診断 PART.1

推しの力士が見つかっていないアナタ！　まずは気になる相撲部屋を“推し部屋”にしてみてはいかがでしょうか？　そこで、関取のいる部屋を中心にチョイスした26部屋から、あなたに合う部屋がわかるチャートを作ってみました！

ジャニーズ系かエグザイル系なら、ジャニーズ系が好き

YES → メガネ姿に萌えてしまうクチだ

NO → 正直、ミーハーなところがある

メガネ姿に萌えてしまうクチだ

YES → 錣山部屋

NO → 茨城を「いばらぎ」と読む人は信用できない

茨城を「いばらぎ」と読む人は信用できない

YES → 立浪部屋

NO → 二所ノ関部屋

正直、ミーハーなところがある

YES → お茶漬けが好き！

NO → 高田川部屋

お茶漬けが好き！

YES → 追手風部屋

NO → 九重部屋

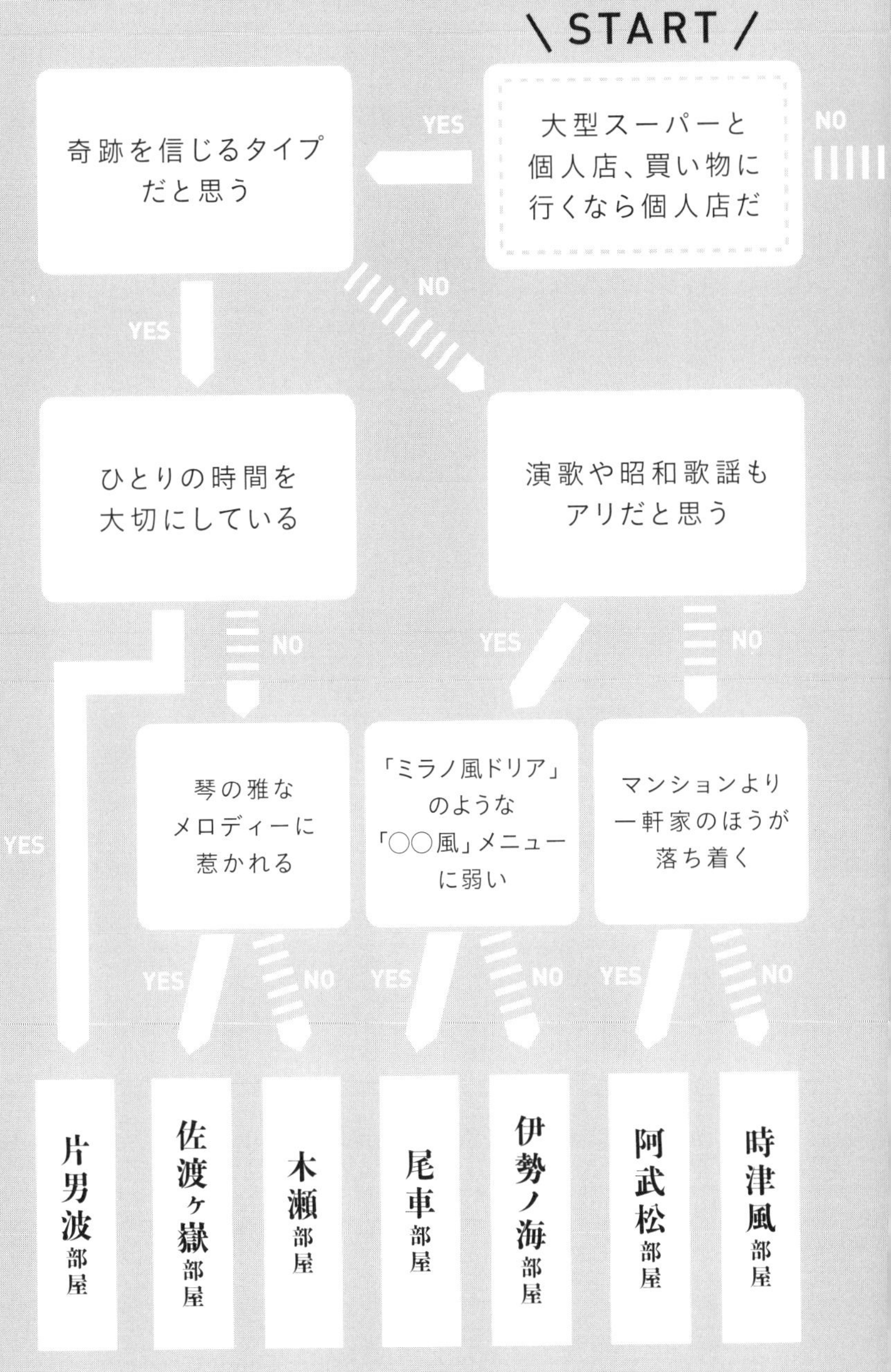
START
大型スーパーと
個人店、買い物に
行くなら個人店だ
YES
NO
奇跡を信じるタイプ
だと思う
YES
NO
ひとりの時間を
大切にしている
演歌や昭和歌謡も
アリだと思う
YES
NO
YES
NO
琴の雅な
メロディーに
惹かれる
「ミラノ風ドリア」
のような
「○○風」メニュー
に弱い
マンションより
一軒家のほうが
落ち着く
YES
NO
YES
NO
YES
NO
YES
片男波部屋
佐渡ヶ嶽部屋
木瀬部屋
尾車部屋
伊勢ノ海部屋
阿武松部屋
時津風部屋

各部屋の解説は次のページへ！

西田の ひとこと部屋解説

九重《ここのえ》部屋

カップラーメンのCMに出演した千代丸関などが所属。親方は元大関千代大海。その中学時代のツッパリ伝説はもはや説明不要だろう。

高田川《たかだがわ》部屋

輝関や竜電関などファンに愛される関取が所属。親方は金星獲得数1位の元安芸乃島。その厳しい指導は角界でも随一で、てっぽう柱が部屋に5本ある。

二所ノ関《にしょのせき》部屋

親方は「南海の黒豹」こと元若嶋津。おかみさんは元歌手の高田みづえさんで、タレント活動をしている娘のアイリさんによる相撲Youtubeも話題。

追手風《おいてかぜ》部屋

お茶漬けのCMでもおなじみ、人気力士の遠藤関が所属。親方は一見コワモテだが、インタビューなどで見せる笑顔でファンを癒している。

錣山《しころやま》部屋

親方は端正な顔立ちで人気だった元寺尾。そのイケメンぶりは健在で、解説時のメガネ姿などで相撲女子の心をわしづかみにしている。

立浪《たつなみ》部屋

茨城にある部屋で、元旭豊である親方は「角界のマツケン」と呼ばれたイケメン。明生関や豊昇龍関など、今後の角界を担う関取に期待が高まっている。

阿武松《おうのまつ》部屋

最近師匠が代替わりし、若手の親方に。若いふたりの親方によって、厳しくも熱心な稽古が行われている。部屋は閑静な住宅街にある一軒家タイプ。

時津風《ときつかぜ》部屋

賃貸マンションの1階にある、最強横綱双葉山が作った双葉山道場の流れを汲む部屋。所属の正代関は歌が苦手であることを公言している。

尾車《おぐるま》部屋

基本的に四股名には「風」がつく。親方の元琴風は歌が上手く、『まわり道』という曲で26.6万枚ヒットを飛ばしている。

伊勢ノ海《いせのうみ》部屋

巣鴨にある部屋で、「勢」「錦木」といった江戸時代からなごりのある四股名の力士がいる。勢関は歌唱力が現役力士で一番との呼び声も高い。

佐渡ヶ嶽《さどがたけ》部屋

40人近くの力士が在籍。所属する力士の四股名に「琴」がつくことでおなじみ。琴奨菊関による日本出身力士10年ぶりの優勝も記憶に新しい。

木瀬《きせ》部屋

佐渡ヶ嶽部屋に次ぐ大所帯で、層の厚さはハンパない。徳勝龍関の幕尻優勝や、宇良関のアクロバティック相撲など、タレントも豊富。

片男波《かたおなみ》部屋

所属力士わずか3名という規模ながら、奇跡の平幕優勝を果たした玉鷲関が在籍する、まさに少数精鋭の部屋。HPの写真がかっこいい。

淡路島一のヤンキーだった照強関《てるつよし》だが、島を出るときには誰よりも号泣した

中学時代は相撲大会に金髪で出場するようなヤンキーだったという照強関ですが、1995年の阪神・淡路大震災の日に生まれ、奇跡の子として注目を浴びていただけあって地元愛は相当強いんですよね。このエピソードもご本人が笑顔で提供してくれました。土俵では豪快な塩まきを見せてくれますが、あれもヤンキー時代の名残だったりするのかも？

元豊ノ島関は「ジョイフル」が好きすぎて、メールアドレスにしていた

九州を中心に展開しているコスパ最強のファミレス「ジョイフル」が、地元の高知に出店したのがうれしすぎてメアドに入れちゃったそうです。そんなキュートなキャラクターで力士たちにも好かれまくっている元豊ノ島関ですが、中学のときから人気者で、周りに推薦されて生徒会長に立候補したこともあるのだとか。結果は、圧倒的大差で負けたそうです（笑）……。

錦木関は、キャッチャーのことを「捕手」と言うタイプ

錦木関といえば、「腰が重い」と評されるどっしり構えた取り口の硬派な力士ですが、その性格も取組通り実直なんですよね。野球の話をしていたときにキャッチャーを「捕手」と言っていて、改めて「硬派だなぁ」と思ったのを覚えています。ちなみに、普段はメガネをかけていて、巡業会場に行くと花道の直前でメガネを外す姿を拝むことができます。

佐田の海関は「髪を洗わない」という験担ぎで9連勝したことがある

さすがに10日目でかゆくなって洗ってしまい、結果、連勝もストップしてしまいました。験担ぎをする力士は多いんですけど、ここまでの験担ぎはあまり聞かないですね。ちなみに、佐田の海関は北欧ブランド「マリメッコ」のファブリックを浴衣にして着こなすおしゃれさんで、ネットでは「サダメッコ」という愛称でも親しまれています。

炎鵬関は、ディズニーだったらランドよりシー派

炎鵬関とは入門前からの付き合いで、ディズニーシーに行ったことがないというので一緒に行く約束をしていたのですが、そうこうしているうちに巧みな取組と端正なマスクで大人気になってしまいまして、いまだに約束が果たせていないんですよね。ちなみに、なぜか湯気の出ている熱々のご飯が嫌いで、「米を食べると虚しくなる」という名言（？）を残しています。

琴奨菊関は、マドラーで混ぜただけの水で酔ったことがある

下戸である琴奨菊関から聞いた話です。ただの水なのにマドラー効果でお酒だと思い込み、本当に酔っぱらってしまったそうです。そんな琴奨菊関はプロ野球選手と親交があり、球場でたびたび観戦するほどの野球好き。ちなみに、投球スタイルは左のサイドスロー。始球式に登場したときは、その投げ方に球場がどよめいたそうです。

スイカバーが好きすぎる魁聖関のために、近所のコンビニが独自のシステムを導入した

数年前に、近所のコンビニにスイカバーが入荷されるたびに買い占め、電話でも入荷確認をしているうちに、コンビニのほうから入荷の電話がかかってくるようになったんです。また、コーラも毎日飲むほど大好きで、同部屋の旭天鵬関が優勝した際には、副賞としてもらえるはずだったコーラ1年分が現金化されてしまい落ち込んだと言っていました。

石浦関はオーストラリアへ留学したことがあるが、コアラは一度も見なかった

日大相撲部を卒業後、総合格闘家を目指してオーストラリアへ留学→現地で映画『X-MEN』シリーズのオーディションに合格→仲間の活躍に刺激され、映画出演を辞退して角界入り、という波瀾万丈な石浦関。当時、カンガルーは高速道路で見たとのことです。ちなみに、生首柄の着流しを着たり、ダンプカーで場所入りしたりと、角界一のかぶき者でもあります。

富士東関は、サラダダイエットで6キロ太った

体重調整のためにダイエットする力士は意外といて、〝角界のおかわりくん〟こと富士東関も食事のときは先にサラダを食べるようにしていたらしいんですけど、結局6キロ太ったっていう……。やっぱりサラダしか食べないくらいやらないとダメなんですかね。ちなみに、富士東関は映画『テルマエ・ロマエⅡ』に力士役で出演したことでもおなじみです。

臥牙丸《ががまる》関は、中耳炎を正露丸で治したことがある

親方の「正露丸は万能薬」という言葉を信じて、何か調子が悪いときはとりあえず正露丸を飲んでいたみたいです。臥牙丸関はとても素直でチャーミングな力士で、体重は200キロを超えたくないからずっと199キロと言い張ったり、初金星がうれしすぎてインタビューでずっとしゃべり続けたりと、ほっこりするエピソードがたくさんあります。

佐ノ山親方は、何度指摘されてもドラムのことを「太鼓」と言ってしまう

佐ノ山親方と話していて妙に気になってしまって、つい「ドラムですよね？」と指摘してしまいました。ただ、音楽好きで歌はめちゃくちゃうまいです。中学のときには相撲を辞めてバンドをやろうとしたそうなんですが、反対したお父さんにボコボコにされてしまったのだとか。ちなみに、ギターのことは普通に「ギター」と言っていました。

安治川親方は独身時代、ディズニー関連の映画をいっさい観なかった

現役時代は相撲一筋のストイックなイメージでしたが、「将来結婚したら、子どもと一緒に観るんだ」と心に決めてディズニー映画は観なかったそうで、意外とロマンチストだったんだなと。ご結婚されてからは奥さんのサポートもあって、40歳まで現役で活躍した安治川親方。いまではお子さんと『シンデレラ』を繰り返し観ているそうです。

千田川親方は現役時代、もみあげの中でハエが死んでいたことがある

現役時代は太くて長いもみあげがトレードマークだった千田川親方らしい逸話です。いまは、もみあげもだいぶすっきりしていますが、豪快で兄貴肌な性格は相変わらずで、僕らみたいな若手芸人にもとても良くしてくれるんです。「食えない若手を呼んでこい」と誘っていただき、後輩と一緒にごちそうになったりすることもあります。

二子山親方は、わんこそばを270杯食べたあとに「お腹空いた」と言ってステーキを食べた

これは元豊ノ島関から聞いたんですけど、琴奨菊関と3人で食事に行ったときの出来事で、さすがに元豊ノ島関もびっくりしたと言っていましたね。ちなみに、二子山親方はスイーツも大好きで、以前はよくプリンについてツイートしたりしていました。上半身裸で寝そべりながらスイーツを頬張るセクシーショットには、ファンも歓喜していましたね。

元玉飛鳥関は、CHAGE and ASKAだったらChage派

ちょっと興味本位でご本人に聞いてみたことがありまして……。ちなみに、本名はあのフィギュアスケート選手と同姓同名の「高橋大輔」で、解説で参加しているAbemaTVの大相撲中継では、これまた同姓同名の「高橋大輔」アナウンサーと共演するというおもしろい事態になっています。

春日野部屋は相撲部屋で唯一、入口が自動ドアになっている

伝統ある春日野部屋ですが、国技館から近く、誰でも見学OKというオープンな雰囲気もありまして、そのためか入口が自動ドアになっています。弟子に対しては厳格な指導で知られていますが、みんな親方を慕っていて、栃ノ心関なんかは親方のお下がりの締込《しめこみ》（関取のまわし）を使っていたりするんですよね。

応援したくなる部屋がわかる！

西田の推し部屋診断 PART.2

推しの力士が見つかっていないアナタ！まずは気になる相撲部屋を“推し部屋”にしてみてはいかがでしょうか？　そこで、関取のいる部屋を中心にチョイスした26部屋から、あなたに合う部屋がわかるチャートを作ってみました！

ハスキーボイスに魅了されがち

YES → 「漢」の字は迷うことなく「おとこ」と読む

NO → 犬と猫なら、猫派だ

「漢」の字は迷うことなく「おとこ」と読む

YES → 境川部屋

NO → スマホの機種変は頻繁に行うほうだ

スマホの機種変は頻繁に行うほうだ

YES → 春日野部屋

NO → 高砂部屋

犬と猫なら、猫派だ

YES → 荒汐部屋

NO → たいした距離じゃなくてもタクシーに乗りたい

たいした距離じゃなくてもタクシーに乗りたい

YES → 陸奥部屋

NO → 八角部屋

境川部屋

春日野部屋

高砂部屋

陸奥部屋

八角部屋

荒汐部屋

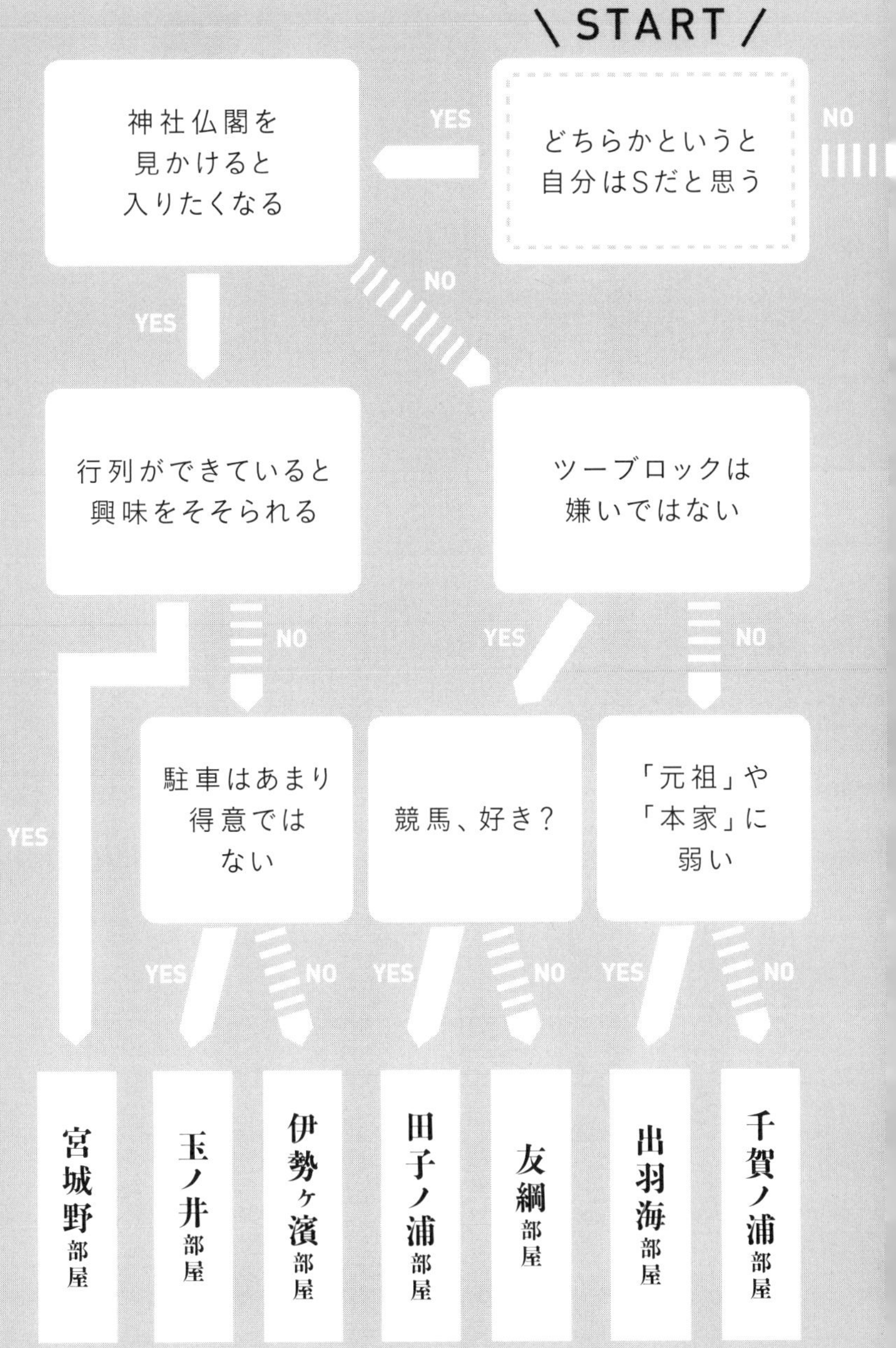
START
どちらかというと自分はSだと思う
YES
NO
神社仏閣を見かけると入りたくなる
YES
NO
行列ができていると興味をそそられる
ツーブロックは嫌いではない
YES
NO
YES
NO
駐車はあまり得意ではない
競馬、好き？
「元祖」や「本家」に弱い
YES
NO
YES
NO
YES
NO
宮城野部屋
玉ノ井部屋
伊勢ヶ濱部屋
田子ノ浦部屋
友綱部屋
出羽海部屋
千賀ノ浦部屋

各部屋の解説は次のページへ！

西田の ひとこと部屋解説

八角《はっかく》部屋

日本相撲協会の理事長でもある八角親方だが、本名が保志《ほし》であることから現役時代は「ポチ」というあだ名だったそう。

荒汐《あらしお》部屋

日本橋にあり、外から稽古が見られるため観光客もたくさん集まる部屋。部屋の看板猫「モル」と「ムギ」は、そのかわいさから写真集が何冊も発売されている。

高砂《たかさご》部屋

元大関朝潮の親方は「ほたる川」でCDデビューもしている、ハスキーな美声の持ち主。インタビューや解説での冗舌ぶりでも毎回楽しませてくれる。

陸奥《みちのく》部屋

両国駅から徒歩2分と最高の立地で、親方は「和製ヘラクレス」と言われた元大関霧島。犬顔の横綱鶴竜関はネットで「わんわん」と呼ばれている。

境川《さかいがわ》部屋

親方はみんなに惚れ慕われ、粋な人情エピソードも多数の、まさに“漢の中の漢”。ハードな稽古で飛び出すハスキーボイスの喝にもしびれる。

春日野《かすがの》部屋

親方の厳しくきめ細やかな稽古指導とハスキーボイスは、境川親方と双璧をなすレベル。部屋の入り口が自動ドアと、ちょっとハイテクな面も。

出羽海《でわのうみ》部屋

歴代横綱輩出数ナンバーワンを誇り、伝統的な出羽一門の本家である名門。低調な時期もあったが、御嶽海関の活躍などによって見事に再興を果たした。

千賀ノ浦《ちがのうら》部屋

貴乃花部屋の力士が合流し、ストイックな関取たちがリードしている勢いのある部屋。ちなみに、所属する優力の兄は、よしもとの筋肉芸人ゆもと。

田子ノ浦《たごのうら》部屋

現役時はもみあげを長く伸ばした姿がトレードマークだった親方も、いまはツーブロックでもみあげは皆無。大阪場所の宿舎は園田競馬場。

友綱《ともづな》部屋

モンゴル出身で初の部屋持ち親方となった元旭天鵬の友綱親方は、断髪後のイケてるツーブロック姿で角界関係者に衝撃を与えた。

玉ノ井《たまのい》部屋

西新井大師のすぐ近くに部屋を構えていて、西田調べでは駐車場の広さがナンバーワン。所属する超絶スーパーイケメン床山の床玉さんも見逃せない。

伊勢ヶ濱《いせがはま》部屋

元横綱旭富士の伊勢ヶ濱親方、元安美錦の安治川親方、コーチに就任した元横綱日馬富士と、指導陣がとにかく豪華。九州場所の宿舎はなんと太宰府天満宮。

宮城野《みやぎの》部屋

最強横綱白鵬関や炎鵬関などスターぞろいのため、常に報道陣がいる部屋。九州場所の宿舎はお寺にある。ちなみに白鵬関はCMに出るほどの青汁好き。

高田川部屋のちゃんこ長は、ちゃんこ屋さんでスカウトされた

部屋のちゃんこ作りの責任者をちゃんこ長と呼ぶのですが、元力士がちゃんこ屋をやることはあっても、ちゃんこ屋さんから力士になったケースは初めて聞きましたね。四股名もお店の名前からとって「櫻」さん。ちゃんこづくりはもちろん、歌もゲームもめちゃくちゃうまくて、『龍が如く』を全部クリアしていたりします。

境川部屋の前には川が流れているが、その名前の由来がめちゃくちゃ怖い

「毛長川」というんですけど、夜な夜な長い黒髪が川を流れてくるというホラーっぽい昔話が名前の由来らしいです。ちょっと怖いですが、境川部屋の力士たちの包容力のおかげで安心です（笑）。

宮城野部屋は、バイク屋の居抜き物件

その名残で、部屋はめちゃくちゃしゃれたつくりになっています。まず、入ってすぐにショールームみたいなスペースがあり、奥へ行くと土俵があるんですけど、吹き抜けっぽい構造になっていて階段の上から土俵を見下ろすことができるんです。ちなみに引っ越しのきっかけは、白鵬関が激しくぶつかりすぎて、前の部屋が耐震構造的に危うくなったから。

八角部屋の扉には八角形の窓が付いている

業者さんの提案なのか、誰の提案なのかわかりませんが、僕も言われるまで全然気づかなかったんですよね。ちなみに、所属している力士はおだやかな方ばかりで、全然角はありません。

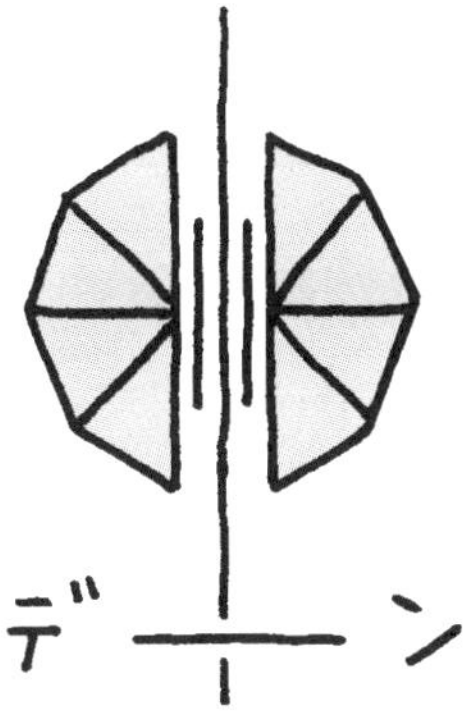

陸奥部屋の注目ポイントは、おしゃれな郵便受け

国技館まで徒歩2分という好立地の陸奥部屋ですが、入口の横には大理石みたいな素材でできた古いポスト風の郵便受けが鎮座しています。親方は元霧島関で、部屋の隣にオーナーを務めるちゃんこ店「ちゃんこ霧島」が並んでいます。

尾車部屋にはカラオケルームがある

親方は大のカラオケ好きで、現役時代にCDデビューしたほどの実力者。そのデビュー曲、琴風豪規としてリリースした『まわり道』は、なかにし礼さん作詞で26・6万枚の大ヒットを記録しています。ただ、現在はカラオケルームもそんなに使われていないようで、元豪風の押尾川親方は、20年部屋に在籍していたのに1度しか行ったことがないと言っていました。

尾上部屋の住所の番地は8-8-8と、末広がりすぎて縁起がいい

元大関把瑠都関などを輩出し、部屋としても大きくなっていったので本当に縁起のいい部屋なのかもしれません。尾上部屋の力士を送るときはタクシーの運転手さんにパッと住所を伝えられるので、僕としてはその覚えやすさが便利でいいですね。

浅香山部屋のブログは、愛犬のシェビーが書いている

シェビー目線で書かれていて、親方（元魁皇関）がシェビーとイチャイチャデレデレしている写真に癒されます。ちなみに看板犬といえば、朝日山部屋には『天才！志村どうぶつ園』でおなじみの「チビ」がいます。また、荒汐部屋には写真集が出るほど人気の看板猫もいます。

錦戸部屋のおかみさんは、ソプラノ歌手

ほかにも浅香山部屋のおかみさんは元プロレスラー、湊部屋のおかみさんは女医、武蔵川部屋のおかみさんはフラダンスの日本大会優勝者と、相撲部屋のおかみさんにもいろんな経歴の方がいます。

大嶽部屋のホームページは決まり手82手をすべて解説してくれているので、とても勉強になる

土俵の大きさや力士の地位などについても解説されているので、大相撲に興味のある方はチェックしてみてください！　ちなみに、大嶽部屋は元横綱大鵬の流れを汲む部屋なのですが、現在はそのお孫さんにあたる納谷3兄弟が在籍しています。

片男波部屋公式サイトのポートレートは、やたらとかっこいい

公式サイトのポートレートコーナーの力の入れようがすごくて、力士たちを陰影深く撮影したためちゃくちゃかっこいい写真が並んでいるので、ぜひチェックしてみてください！

佐渡ケ嶽部屋では、1回の食事で6升の米を炊いている

角界ナンバーワンの規模で、およそ40人の力士がいる佐渡ケ嶽部屋ですが、親方によると年間で5トンの米を消費しているそうです。5トンって、日本人ひとりが一生に食べる米の量とほぼ同じらしいんですよ。そのため、部屋に行くと後援会などからもらったお米がどっさり積まれています。

式秀部屋はとにかく褒める、褒めてのばす

弟子を厳しく指導する部屋が多いなか、式秀部屋は弟子の自主性を重んじて褒めてのばすんです。「いいねいいね、強くなっちゃうけど大丈夫？」みたいなノリで。親方はなんでも柔軟に取り組む方で、部屋には「宇瑠寅太郎（うるとら・たろう）」みたいなキラキラ系四股名の力士もいるんですけど、それも相撲をもっとポピュラーにしようとしているからなんですよね。

錣山部屋にはマルフォイが稽古見学にきたことがある

映画『ハリー・ポッター』にマルフォイ役で出演したトム・フェルトンが部屋に来たんですよ。ただ、出迎えた力士のなかには、『ハリー・ポッター』の原作を読もうとして目次であきらめてしまった人がいるらしいんですが……。ちなみに、親方の元寺尾関の人気はいまだに健在で、会場でもぎりをやると長蛇の列ができてしまいます。

西田が観察した強さの秘密と
不思議な魅力!

たたかう力士

力士図鑑

【おでこ】

あごを引き、おでこの上のほうで相手とぶつかる。そのとてつもない衝撃は1トンともいわれる。

【かた】

肩は力士にとって神聖なもの。写真撮影などで、力士の肩に手を置くのはやめましょう!

【うで】

相撲では「かいな」という。腕まわり62センチと、女性のウエストぐらいある力士もいる。

【くち】

噛む力がすさまじく、稽古用に作ったマウスピースを1回で壊した力士もいる。

【おなか】

大きなおなかでも皮膚のすぐ下は筋肉。ちなみに、まわしの巻き方はおへそが隠れるように巻くタイプと完全に出して巻くタイプに分かれる。

【て】

怪力で、握力が左右90超の力士もざら。りんごも平気でつぶせる。また、親指の付け根部分はコンクリートのように硬い。

【せなか】

背筋力もすごい。旭天鵬は40歳で約300キロを記録していた(成人男性平均が140キロ)。

【あし】

30センチを超える力士は多い。摺り足で鍛えられた足の裏は、厚く硬い。

【ふくらはぎ】

四股で鍛え上げた下半身の力はすさまじく、白鵬の立合いのスピードはボルトのスタート直後とほぼ同じ速さだといわれる。

【せいかく】

ふだんはおっとりとしてやさしい性格の力士も多いが、取組になるとその目つきは鋭いものに変わる。一瞬の勝負にすべてをかけているので、感情を全面に出す人や、土俵上でにらみ合いをする人も。

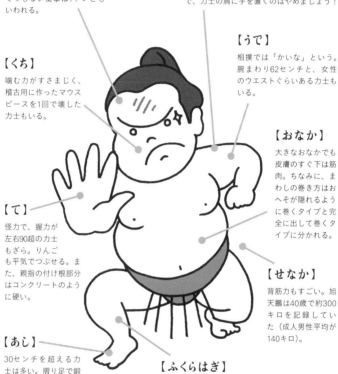

ふだんの力士

【まげ】
髷《まげ》が結えるようになるには、髪をあごの下で結べるくらいまで伸ばす必要がある。

【め】 意外と近眼で、ふだんはメガネをかけている力士も多い。

【くち】
口ぐせは「店内の空調の温度下げてもらっていいですか？」。あと、「どすこい！」と言う力士はいない。

【のど】
歌がうまい力士は多く、演歌から最新のラップまで網羅している流しのような力士もいる。

【てのひら】
手汗の量が尋常じゃない。2時間の通話でケータイを水没状態にして故障させた力士もいる。

【たべもの】
よく食べる。弁当はひとつという発想がない（ふたつからスタート）。「甘さひかえめ」という文字が嫌いで、コンビニスイーツに異様に詳しい力士も。ただ、飲み物は体脂肪を減らすお茶などの健康的なものを選んで、“プラマイゼロ感”を出したりする。

【はだ】
年中裸で稽古をしており、常に人から見られているせいか、力士の肌はとてもモチモチしていてきれい。

【とくぎ】
大部屋で過ごすことが多いので、布団一枚とちょっとくらいのスペースを使うのがとてもうまい。ペットボトルや電源ケーブルやテレビモニターを配置して、横になりながらなんでもできるようにすることができる。

【せいかく】
サービス精神が旺盛。献血するときにカメラを向けられると、みんな注射を怖がる表情をしたりする。パーティでの余興もお手のもので、替え歌や一発芸が得意。また、ロマンチストで、多くの力士が恋愛もののドキュメンタリーを観ている。それと、「髷が結えなくなったら引退なんですか？」という質問は聞かれ飽きているので控えるべし（そんな決まりはない）。

大阪場所での田子ノ浦部屋の宿舎は、競馬場

地方場所では、お寺などいろんな場所に宿舎を設けますが、田子ノ浦部屋は園田競馬場の投票所の1ブロックに土俵を作って宿舎にしているんです。上の喫茶スペースでちゃんこを作り、寝泊まりしています。ちなみに、高安関はせっかくだからとはじめて馬券を買ってみたら、万馬券を当ててしまうというミラクルを起こしています。

千賀ノ浦部屋といえば、大相撲バージョンの自動販売機

部屋の横に特別にラッピングされた部屋名入りの自動販売機があるんですけど、これは角界唯一みたいですね。ちなみに、愛嬌ある見た目から「ドラえもん」の愛称で親しまれている親方ですが、歌のうまさは琴風こと尾車親方と並ぶレベルです。

ＳＮＳに強いのは、友綱部屋

親方の元旭天鵬関がフェイスブック、インスタグラム、ツイッターとＳＮＳをマルチに使いこなして情報発信しています。写真は親方の自撮り写真多めですが（笑）。おしゃれな親方で、断髪のあとにサイドを刈り上げたスマートな髪型を披露したときも、周囲を驚かせていました。

鳴戸部屋の冷蔵庫は、ブルガリアヨーグルトでパンパン

親方の元琴欧洲関といえば、ブルガリア出身でブルガリアヨーグルトのCMにも出演していましたよね。その縁でいまもメーカーからヨーグルトが送られてくるそうで、冷蔵庫はパンパン。弟子たちも毎日ヨーグルトを食べています。ちなみに、親方は来日したころ、ごはんにヨーグルトをかけて食べていたのだとか。

西岩部屋のおかみさんのブログは、とにかく泣ける

弟子一人ひとりについて、やさしいまなざしと、ていねいな文章で綴られたブログは、もう愛情の塊でしかないんですよ。ボリュームもすごくて、母子手帳を読んでいるような温かな感動に包まれること必至です！

峰崎部屋の勧誘チラシは、すごろくとして遊べる

新弟子勧誘のためのチラシなんですけど、力士のステップがわかるすごろくになっているんです。部屋に所属している行司の木村銀治郎さんが作ったものなんですけど、この銀治郎さんが相撲マニアで鉄道オタクという凝り性な人で、巡業の際の鉄道の割り振りなんかも銀治郎さんが率先してやっているそうなんですよね。

国技館の住所は「墨田区横網」

○横網

×横綱

相撲ファンじゃない人を国技館に連れて行って「これすごくない？」って住所を見せると、みんな「横綱」だと思っちゃうんですけど、実際は「よこあみ」なんですね。惜しいんですけど、相撲とは関係なく江戸時代からある町名で、海苔漁師の人たちが網を干していた風景が由来、なんていう説もあるみたいです。

国技館の2階にはプリクラがあるが、結びの一番が終わるころにはもうコンセントが抜かれている

力士のフレームがある国技館バージョンのプリクラなんですけど、観戦を終えてからでは撮れないので気をつけてほしいですね。年配のお客さんは大きく4分割にプリントしがちっていうのもあるあるです。ただ、最近は相撲協会がインスタ連動企画をやっていて、力士とハートをつくれるパネルなんかがあるんですけど、そっちのほうが人気になっちゃいましたね。

国技館の土俵上で使われている塩は、「伯方の塩」

大相撲では、1日に40〜60キロくらいの塩をまくというので、やはり「伯方の塩」くらいのメジャーブランドが支えているんですね。ボケだと思われがちなんですが、ホントに業務用の大きな袋に入った伯方の塩を、呼出さんがザルみたいなもので、こしてから使っているんですよ。

国技館名物の焼き鳥は、1時間に150本のペースで串刺しにされているらしい

国技館の焼き鳥といえば、地下の工場で焼かれていることが有名ですが、その鶏肉を串刺しにして卸しているのは、岩手県一関市にあるオヤマという会社なんです。そのオヤマの社員旅行に営業で呼んでいただいたことがあるんですけど、1時間に150本串刺しにできるというベテランのおばちゃんがいて、社長からも英雄視されてましたね。

国技館といえば、座布団やゴミのシステマチックな回収ぶりも見もののひとつ

取組が終わると業者の人たちが座布団を回収するんですけど、その作業がとにかくスピーディなんですよね。あと、場内を清掃のおばちゃんがずっとまわってるんですけど、その回収の仕方が独特で、小さいレジ袋みたいなのをたくさん持ってるんですよ。「でっかいゴミ袋にまとめればいいのに」っていつも思うんですよね。

国技館でガッツリ系のお弁当が食べたければ、「鶴竜弁当」がおすすめ

大関以上になるとオリジナル弁当が売られるんですけど、メニューも自分でプロデュースしているんです。僕のオススメは「鶴竜弁当」。とんかつ、サイコロステーキ、唐揚げ、ウインナーと、男の子の夢がつまったようなガッツリ系のメニューで、もう最高なんですよ！

国技館内から荷物を送ると、大相撲仕様の段ボールで送ってくれる

おみやげ発送用の受付があって、そこから荷物を送ると相撲柄の段ボールに入れてくれるんです。国技館はこういう気の利いたサービスがたくさんあって、力士柄の千社札シールに名前を入れてくれるコーナーには僕もよく行っていました。取組が終わる前に仕上がるので、一緒に行った人へのちょっとしたプレゼントに最適なんです。

国技館内には、親方が接客してくれる売店がある

引退してすぐの若手の親方たちが接客してくれるブースがあって、相撲グッズとか、鬢付け油の匂いがするリップクリームなんかを売っているんです。みんな話も上手くて、サインを求められたら「これ買ってくれたらサインしますよ」みたいなセールストークをするんですよね。ボケで言ってるんですけど、結局みんな買ってくれるから、売り上げもいいらしいですよ。

まだまだ!

大相撲豆知識

おかわり

本編には入りきらなかった、さらにどうでもいい(?)豆知識をここで一挙にご紹介します!

元寺尾の錣山親方は、いまだにガラケーを使っている。しかも2台持ち

元寺尾の錣山親方が椎茸を食べられるようになったのは、25歳のとき

元豊ノ島の井筒親方は、最近まで「ガガガSP」を「ガガガエスピー」だと思っていた

元幕内舛乃山は、カエルが嫌い

元安美錦の安治川親方はスマホゲームでも業師で、あまりにうますぎるので課金疑惑が出ている
(本人は否定)

元若の里の西岩親方は、一時期ウィキペディアの趣味の欄に「ビアガーデン巡り」と書かれていたが、ビアガーデンには一度も行ったことがない

千代鳳関は、釣り好きなのに魚が苦手で食べられない

筋肉のためにタンパク質の摂取を第一に
考えている妙義龍関は、ラーメンを食べるときも
トッピングで麺が見えなくなるほどほうれん草を頼む

元豪風の押尾川親方は、
ルンバのことを
「家政婦」と呼んでいる

英乃海関は、
生魚は食べられるが
焼魚は苦手

元嘉風の中村親方は、
飲食店に並ぶ行列の先頭を
「ポールポジション」と呼んでいる

元豪風の
押尾川親方は、
芸人の
グランジ・大さんと
同級生

元高見盛の東関親方は、
ギャル曽根のサインを持っている

国技館の土俵は電動で収納できる

大相撲が開催されない期間は土俵も枡席もしまわれているんですけど、ある親方に聞いたところによると、ボタンひとつで収納できるらしいんですよね。動いているところは見たことがないんですけど、打ち合わせで何もない状態の国技館を見たときは、なんだか不思議な気分でした。

土俵で力士が口にふくむ「力水」は、夏場になると桶に氷を入れているらしい

これは力士たちから聞いた情報です。客席からは見えないんですけど、夏はちゃんと冷えてるんだなって思ったら、なんだか微笑ましい気持ちになりませんか？　ちなみに、力水は清めの水なんですけど、足場をならしたり、固めたりするのに使っている力士もたまに見かけます。

国技館前にあるマクドナルドでは、かつて「勝った力士はハンバーガー無料」というサービスを実施していた

2003年~2010年ごろまでやっていたらしいです。まあ、ただそれだけなんですけど……若手からしたらすごく助かるサービスですよね。

国技館の再入場システムは、ディズニーランドと同じ

外に出るときにスタンプを手に押してもらって、戻ってきたときに光でかざすと再入場できるっていう仕組みです。1回まで再入場できるんで、外でごはんを食べたりするのにいいんですよね。スタンプを押す係の警備員さんが、「ディズニーランドと同じシステムだ」ってドヤ顔で言ってました。

国技館をグーグルストリートビューで見てみると、全関取が出迎えてくれる

これはけっこう有名ですよね。ちなみに、同じくグーグルストリートビューで入間川部屋を見ると、まわしが干してあります。あと国技館前といえば、正門の近くに「両国さかさかさ」っていう、雨水を有効利用するシステム（？）の看板があるんですけど、何度読んでもなんのことか理解できないんですよね。

優勝額除幕式の「あの音楽」が耳から離れない

初日に前場所優勝力士の優勝額を掲げるセレモニーがあるんですけど、幕が上がっていくときにかかる音楽が妙に気になるんですよね。やたら神々しくて、ちょっとスピリチュアルな儀式に見えてくるというか……。この違和感については、相撲ファンならみんなニヤニヤしてくれるんじゃないでしょうか。

国技館では、夏休みになると朝から「相撲健康体操」というイベントが行われる

相撲の基本動作をもとにした「相撲健康体操」という体操がありまして、夏休みに若い力士たちが国技館のエントランス前の広場で教えてくれるんです。たまに有望な若手とかも参加してくれるので、子どもからお年寄りまでたくさんの人が参加しています。夏休みの思い出作りにもオススメですよ。

取組前は、四股名だけでなく行司さんの名前も叫ばれている

行司ファンの人たちがいて、「元基さーん！」とか「銀治郎さーん！」とか下の名前で呼んでいるんです。あと、呼出さんもイケメンな人とかがいるので、女性ファンは多いですね。行司さんも呼出さんも、装束をきっちり着てるんですけど、会場にはスーツで颯爽《さっそう》と来るんで、そのギャップもむちゃくちゃいいんですよ。普通の人はまず気づきませんけどね。

呼出さんが土俵脇で座っているイスは、発泡スチロール製

やっぱり力士が土俵から落ちてくるので、硬い素材は危険なんですよ。力士が落ちてきたらイスは二の次で、呼出さんは水桶を持って避けるようにしてますね。

「なお、この取組の勝者は〜」という館内アナウンスでニヤニヤしている人は相撲ファン

場所の終盤でも、ほとんどの人は幕下以下だと誰が優勝争いをしてるかもわからないじゃないですか。でも、「なお、この取組の勝者は今場所の序二段優勝であります」っていうアナウンスが流れると、「重要な取組なんだ」って会場が沸きだすんですよね。ファンはそれを知っているので、「そろそろみんな気づくぞ」ってニヤニヤしちゃうんですよ。

懸賞がまわっているのを見ると、自然と「×3」の計算をしてしまいがち

企業名なんかが書かれた懸賞旗を持って、呼出さんが土俵をまわりますよね。あの懸賞金って、力士がその場でもらえるのは1本3万円なんですよ。だから、「10本まわってるってことは、懸賞金は30万だな」ってつい計算しちゃうんですよ。力士のほうも、取組前にチェックしてテンションを上げる人もいるみたいですよ。

名古屋場所で取組開始を告げる太鼓の櫓《やぐら》は竹製なので、見ていて心配すぎる

興行の始まりと終わりに「寄せ太鼓」と「跳ね太鼓」っていう太鼓を櫓で鳴らすんです。名古屋場所の櫓は名古屋城の石垣の中に竹が組んであって、高さはなんと13メートル。下から見上げるとすごく高いし、ギシギシいっていて冷や汗ものなんですよ。ちなみに、国技館の櫓はエレベーター付きのハイテク櫓です。

九州場所では、座布団が飛び交うことはない

波乱が起きたときの座布団の乱舞も大相撲の名物のひとつですが、高いところから重たい座布団が飛んでくるので、けっこう危ないんですよね。だからなのか、九州場所の座布団は4つくっついて、投げられないようになっています。乱れ飛ぶ座布団の中心に立つのが憧れだったっていう力士も多いので、なくなってしまうのはさびしいんですけどね。

ラジオ解説のときの北の富士さんは、ラフな感じがかっこいい

説得力のある解説で人気の北の富士さんですが、テレビのときは着物やスーツでダンディにキメているのに対し、ラジオのときはジャージにキャップというカジュアルなスタイルになるんですよね。でも、そのラフな感じも様になっていてかっこいいんですよ。それでいて、解説中に若手をニックネームで呼ぶようなキュートな一面もあり、目が離せない存在です。

西田の どうでもいい 大相撲ランキング

角界のどうでもいい情報に目がない西田が、力士のプロフィールやキャラクターをもとに、大相撲の“どうでもいい”ランキングを発表させていただきます！

画数少ないランキング

1位 天《あまね》

4画

2位 天一《てんいち》 小力《こちから》 一木《いちき》

5画

逆1位 爆《ば》羅《ら》騎《き》

56画

関取はサインを書くことも多いので、画数の多い四股名だと大変みたいです。友人の大喜鵬も、四股名を「山口」にしたときは、とにかくサインがラクになったと言っていました。爆羅騎（本名！）も関取になったら大変そうですよね……。

意外な親戚ランキング

1位 正代

母方の祖母の兄の奥さんの妹の娘が石川さゆり

2位 高安

いとこがMUCCのドラマー

3位 貴大将

おじさんが松木安太郎

正代と石川さゆりさんは、「ほぼ他人だよな？」っていう距離感もおもしろいなと。松木安太郎さんは、おじいさんが力士なんですよね。ちなみに、貴大将の名前は柊斗《しゅうと》というサッカーネームです。

経歴すごいぞランキング

1位 豊響

トラック運転手

2位 一山本

公務員

3位 旭勝力

キンボシファン

旭勝力は高校時代、僕らのイベントに自転車で駆けつけてくれたほどのキンボシファンだったんですよ。そんな彼から、突然「力士になった」と連絡をもらったときは本当に驚きました。引退しちゃいましたが、まだまだ若いのでがんばってほしいです。

はるばる上京ランキング

1位 千代ノ皇

与論島から9時間30分

2位 隠岐の海

隠岐の島から9時間20分

3位 錦富士

青森県十和田市から8時間15分

出身地の市役所や役場を日曜の朝9時に出発したとして、国技館に着くまでの時間で比べてみました（2020年9月場所の関取のみ、海外は圧倒的に遠いので除く）。ちなみに、一番近いのは千代大龍（荒川区出身）で、国技館まで車で15分です。

最近のハプニングランキング

1位	豪風	土俵上でコンタクト紛失
2位	白鵬	NHKの優勝インタビューで「うまい棒」と商品名を言ってしまう
3位	嘉風	取組中にゆるんだ関取の締込を締めるため、土俵に上がった

2位の話は、白鵬少年がモンゴルで初代若乃花にうまい棒をもらったというエピソードで、「(初めてのうまい棒が)おいしすぎて、隣にいた馬にも食べさせたら、ヒヒーンと喜んでいつもより速く走った」そうです。

都市伝説ランキング

1位	大空武左衛門	背が高すぎて知らないうちに牛をまたいだという
2位	雷電為右衛門	怪力で立ち往生していた荷物を引く馬を持ち上げたという
3位	八嶌山平八郎	横綱太刀山の強力な突き出しを恐れ、自ら後退して土俵を割ってしまったという

大空と雷電はいかにもな都市伝説という感じですが、それだけ際立った身長や怪力だったんでしょうね。ただ、八嶌山のエピソードは新聞記事が残っているので、本当っぽいです。決まり手は「にらみ出し」になったとか。

仲良しコンビランキング

1位	豊ノ島・琴奨菊	同じ高知出身で、オリジナルの旅程表を作って一緒に旅行に行ったりする仲
2位	大栄翔・貴景勝	角界のイジられキャラ・大栄翔を、埼玉栄の後輩である貴景勝がイジる微笑ましい関係
3位	豪風・隠岐の海	直接対決した日に「いい攻めだったよ!」などとお互いを讃え合うほど絆が強い

この3組は甲乙付け難い、角界3大仲良しコンビです。1位については、マメな性格の琴奨菊が、自ら旅程表を作ってきたそうです。2位の貴景勝はちゃんと先輩を気遣うところもあって、そのツンデレぶりにも注目です。

インタビュールームほのぼのランキング

1位	阿炎	初金星の際、「昨日誕生日だったお母さんに報告したい」とインタビューを切り上げた
2位	臥牙丸	金星の喜びから、33秒間ノンストップでしゃべり続けた
3位	大喜鵬	塩撒きの塩が全部頭にかかったことについて、「どう"しお"うもないですね」と語り、ヘンな空気に

阿炎のコメント後、豊ノ島も囲み取材で「お母さんに電話したいんでこれでいいですか?」とかぶせていました。臥牙丸のこのトークからは、「勝てないの中に万が一がある」という金言も飛び出しました。

かつて、「自転車早吉」という力士がいた

明治時代に活躍した力士なんですけど、当時は四股名に流行を取り入れるような、エンタメ興行っぽい雰囲気があったみたいですね。ほかにも、「自動車早太郎」や「膃肭臍（おっとせい）」という名の力士もいました。いまその流れを汲んでいるのは、「宇瑠寅太郎（うるとらたろう）」などの力士が在籍する式秀部屋かもしれませんね。

力士御用達のキングサイズ専門店「ライオン堂」で働いている人は、みんなスリム

ライオン堂では力士のルームウェアであるシャツとステテコ（力士の人たちは上下でステテコと呼んでいます）などを扱っていて、入門した新人はまずここでステテコを作ります。相撲関連のお店は職人気質の店員さんが多いんですけど、ライオン堂の店員さんは見た目も接客もスマート。テーラーのようにオーダーメイドのステテコを仕立ててくれます。

大相撲では、チケットのもぎりも親方がやっている

大相撲のサービス精神は会場の入口から発揮されています。いきなり人気力士だった親方が出迎えてくれて、握手や写真撮影にも応じてくれるんです。特に、元寺尾関の人気はすごくて、いつも行列ができています。イケメンの立浪親方も人気で、マダムたちが頬を赤らめながら握手してもらっているのをよく見ますね。

相撲ショップ「両国高はし」は、なんでもそろう相撲ファンのドン・キホーテ

相撲グッズをたくさん扱っている楽しいお店です。僕のオススメは鬢付け油。アロマみたいな感じで、たまに匂いをかいで安らいでいます。あと、後援会の方々が座布団（幕内力士が土俵下で待機するときに座る特注のもの）をオーダーメイドしたりもしています。座布団は一般の人もオーダー可能。ただ、15万円くらいするのでちょっとハードルが高いんですけどね。

力士が食べるものは全部「ちゃんこ」

これは知っている人も多いかもしれませんね。由来としては、中国の鍋「チャンクオ」を取り入れたことに由来する説と、父を表す「ちゃん」と「子」で「ちゃんこ」となった説があるようです。由来について力士に聞くと、「ちゃんと子」説を支持する声が多かったですね。

両国には、相撲芸人あかつさんのステージが観られる居酒屋がある

「両国八百八町 花の舞 江戸東京博物館前店」には土俵があって、そこで週に1回ほど、あかつさんがネタを披露しているんです。そのご縁で、あかつさんや我々キンボシなどの相撲芸人がグループライブを開催させてもらうこともあります。また、外国人観光客を元力士が出迎えていたりと、観光スポットしても人気がありますね。

力士が乗る自転車のサドルは、ほぼ特注品

出稽古などのちょっとした移動に自転車を使う力士は多いんですけど、みんなサドルは特注品なんですよね。めちゃくちゃでかくて、クッション性も抜群のやつです。基本はママチャリですが、若手の中には太めのタイヤに惹かれてＢＭＸに乗るような人もいます。ちなみに、おしゃれな石浦関はメッセンジャーみたいなピストバイクに乗っています。

力士がよくサウナに行く理由のひとつは、鬢付け油を溶かしてシャンプーしやすくするため

力士にとって、サウナは娯楽や癒しではなく、シャンプーの一工程なんですよね。だから、ほどよく油が溶けたところでさっさと髪を洗いに行ってしまい、そのまま湯船につかってあがっちゃいます。サウナ好きの僕としては2〜3セットはサウナに入りたいので、力士と銭湯に行くとちょっとさびしい気持ちになります……。

シリコンは、入れるときよりも抜くときのほうが痛いらしい

ＳＮＳで得た情報なんですけど、舞の海さんに確認してみたところ、抜いたときは本当に痛かったと言っていました。痛みに強いはずの力士が、数日間は何もする気が起きないレベルらしいです……。ちなみに新弟子検査といえば、頭のシリコンでは足りず、プロのアーティストに特殊メイクでかかとを作ってもらったという人もいました。

ちゃんこ料理店「ちゃんこ増位山」では、店主の増位山さんがたまに歌を披露してくれる

現役時代から歌手として活動し、『そんな夕子にほれました』などのヒット曲もある増位山さん。「ちゃんこ増位山」には三保ヶ関部屋時代の土俵が残っていて、そこで増位山さんが歌を披露してくれることもあります。さらに、歌だけでなく料理も抜群。ミシュランの一つ星を獲得するほど味の評判が高いんです。

隅田川のほとりでは、たまに力士たちがたそがれている

やっぱり部屋で共同生活をしていると、ちょっとひとりになりたいときもあるじゃないですか。そういうときに、力士は隅田川に行くんです。柵にもたれてぼーっと川を眺めたりしています。あと、違う部屋にいる同期の力士たちが、癒しの場みたいな感じで集まっていることもあります。力士が夕暮れの川沿いでたそがれてるのって、なんかいいですよねぇ。

「力士に喜ばれる差し入れ」ナンバーワンは、タオル

タオルは稽古のたびに1～2枚は使うし、土を払ったりするので消耗も早くて、とにかくたくさん消費します。だから何枚あっても困らないんですよね。当然もらいものも多いんですけど、力士がぜぇぜぇ言いながらかわいいキャラクターもののタオルで汗をふいていて、なんだかほっこりしたこともありました。

力士といるときは、個人タクシーは避けたほうがよい

髷付け油の匂いが強いので、タクシーを使うときに気を遣う力士は多いですね。特に個人タクシーは嫌がられることが多いので、僕も力士のためにタクシーを止めるときは避けるようにしています。

意外と少食の力士もいる

特に小兵の力士は、一般の人と食べられる量が変わらない人もけっこういますね。でも、体を作らないといけないから、こまめに食事をすることで量を稼いだりしているんです。あと、外で食事をするときも、とにかく大盛りをサービスされがちなんで、それがキツいと言っている力士もいました。2軒目の店でも、普通に大盛りで出てきたりしますから。

ひとり相撲写真館

西田の思い出がつまった大相撲アルバムの中から、特に印象深い写真をいくつかご紹介します。

白鵬関が九州場所で優勝したときに、優勝祝いの鯛を持たせてもらいました

46代横綱朝潮太郎の銅像。僕の地元徳之島に建てられています。僕の相撲好きの原点

国技館の入り口横にある四横綱時代のパネル前にて。こんな素敵な時代もありました

右と同じく遠藤関と。我ながらいい出来です

国技館でやっていたSNSキャンペーンにて、御嶽海関とツーショット風

ボウリングに行ったときの元豊ノ島関。着ぐるみを着ようと試みるも入らず……

琴奨菊関の結婚式の2次会で司会をさせてもらったときに

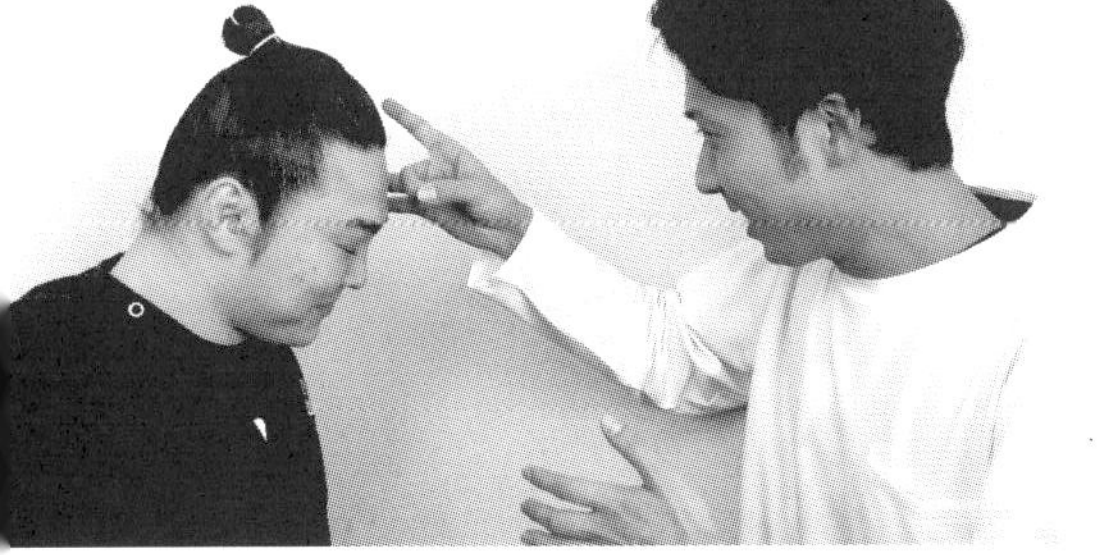

炎鵬関にコンパチ（髷を結えるようになった力士へのお祝いのデコピン）させてもらいました

大阪場所の当日券に始発前から並ぶ。3月なので寒かったです……

国技館では、場所ごとにいろんな部屋のちゃんこが食べられるんです

二所ノ関一門の関取トークイベントにて、MCをさせていただきました

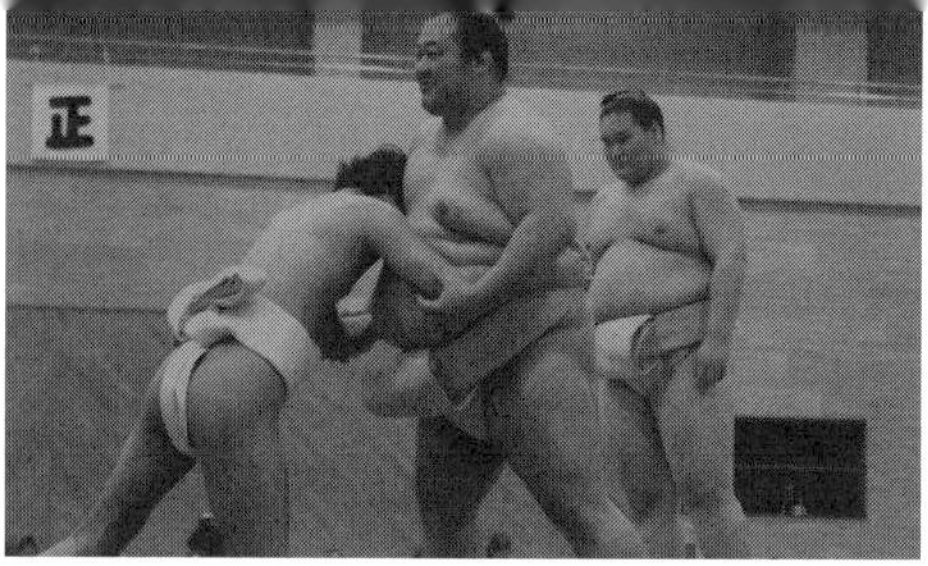

千葉の巡業で行われた芸人対力士のイベントにて。元豊ノ島関はビクともせず

劇場で我らキンボシのネタを見てくれた元豊ノ島関。突然フラッと現れてびっくり

国技館での優勝額贈呈式を観に来ました

番付発表日に時津風部屋にて。「番付折」という番付を折って封筒に入れる作業をお手伝い

元ルームメイトのぐっちゃん（P162参照）。クリスマスなのに扇風機をつけてます……

写真をお願いすると毎回ちょっとヘン顔をする、同じ奄美出身の元里山関

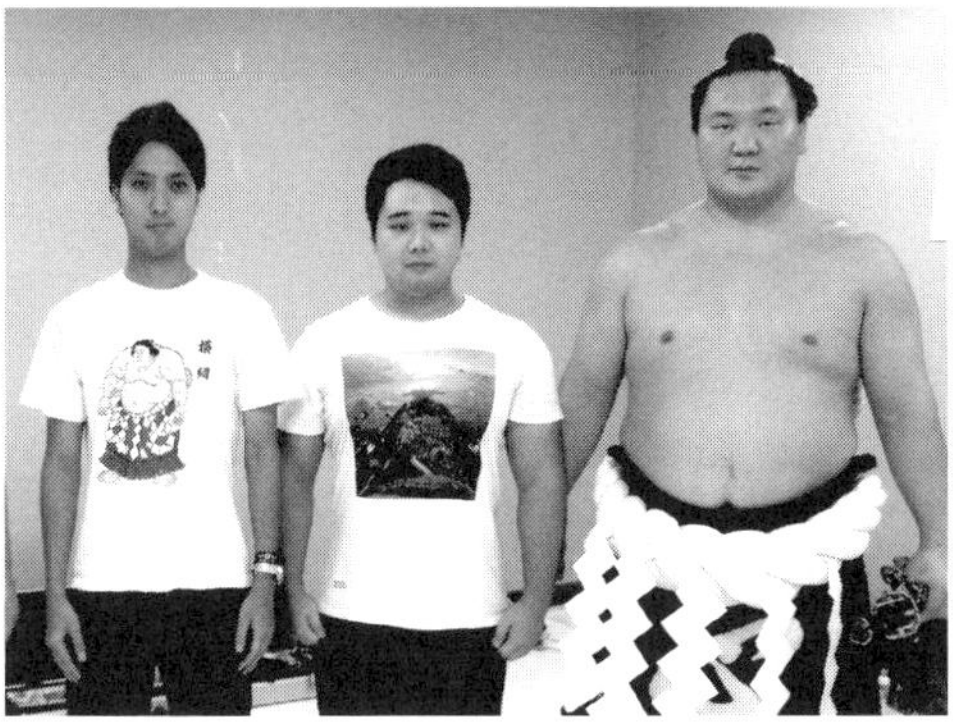

はるばるジャカルタまで巡業を追いかけたら、土俵入り姿の横綱白鵬関と記念写真を撮らせてもらえました！　真ん中は青手木君

九州場所で記念写真

白鵬関とバスケ。運動神経がいいし、バスケ好きなので、とにかくうまい

元豊ノ島関とグータッチの瞬間（P138参照）。警備員さんが被ってなければ……

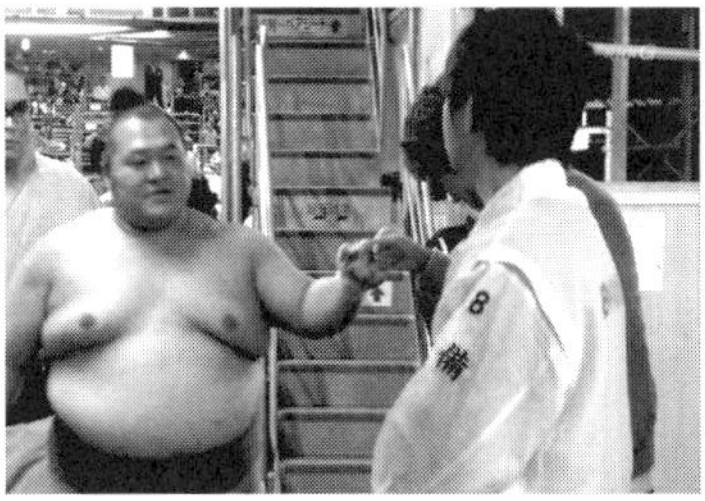

浅香山部屋の朝稽古に参加。親方（元大関魁皇）の代名詞・右の上手投げに圧倒されました

ひとり相撲

その②

エッセイ「大相撲と僕」

「キンボシ西田って誰？」

「そもそもキンボシ西田って誰だよ⁉」

「相撲芸人？　相撲やってたことあるの？」

そんな世間のみなさまの声を勝手に想像してしまうワタクシ西田が、まずは自己紹介代わりに自分のことを少し書いてみたいと思います。


僕は吉本の芸人として、２０１１年にデビューしました。当初はピン芸人で、好きな相撲をネタに「豊真将」という力士でオトすフリップ芸なんかを披露していましたが、２０１３年から相方の有宗と「キンボシ」を結成し、漫才に取り組むようになります。

コンビ名の「キンボシ」は相撲の「金星」が由来で、縁起が良くていいかなと思っているんですけど、白鵬関からは「『金星』って下の力士が横綱に勝ったときに使う言葉だぞ！　おまえはそもそも横綱になるつもりはないのか⁉」と言われてしまいました。やっぱり横綱は違いますよね……。そんなスタンスもあってか、コンビとしてはテレビに出まくるような活躍ができていませんが、劇場でのライブを中心に日々ステージで腕を磨いております。

その一方で、ありがたいことに相撲好きの芸人として、ピンでテレビなどに出演させていただくことがたまにあります。

中でも『アメトーーク！』（テレビ朝日系）や『やりすぎ都市伝説』（テレビ東京系）に出演させていただいたことは、相撲好きとしても芸人としても大きな経験で、僕のことを知ってくれている人がいるとしたら、こうした番組に出られたことが大きなきっかけになっているんじゃないかと思います。

ほかにも、相撲関連の番組で解説をさせてもらったり、力士が登場するイベントでMCをしたり、相撲雑誌や新聞に記事を書いたりと、相撲に関するお仕事をちょこちょこやらせていただくことで、相撲ファンの方々にもだんだん知ってもらえるようになりました。

ただ、相撲雑誌の企画で、名古屋場所の開催に合わせて東京から名古屋まで自転車で行くっていう謎の挑戦をしたことだけは、いまでもモヤモヤしてるんですけど（笑）。最後はサプライズの出迎えがあったりなんかして、なんとなく感動して泣きそうになりましたが、よく考えたら相撲全然関係ないし。

ともかく、こうした活動ができているのも、お付き合いのある力士の方々や、お世話になっている相撲ファンの方々からの情報やアドバイスがあってこそ。念願の大相撲中継で解説させてもらったときも、BSでの幕下中継でしたが、たくさんの方に情報をいただいてなんとかやりきることができました。

相撲は子どものころから好きでしたが、ハマるようになったきっかけは、大学で上京して初めて国技館に行ったことです。力士たちが本当にキラキラしていて、ものすごい高揚感に包まれた僕は、それ以来、場所中は毎日のように国技館に通ったり、力士たちのプロフィールを調べたりするようになりました。力士のバックグラウンドや関係性がわかると、取組がどんどんおもしろくなっていくんですよね。

また、力士たちが醸し出す非日常的な面にも惹かれるようになりました。やっぱり相撲は神事でもあるので、僕と同世代くらいの男子であるはずなのに、力士たちには伝統を背負うことで生まれる独特の雰囲気がある。髷《まげ》といったビジュアルはもちろん、取組に関する決まりや、一門で重んじられている規律などから感じる歴史によって、その存在を神秘的とすら思うことがあります。

さすがに最近は、国技館に行けるのも15日のうち3日くらいになってしまいましたが、行けなかった日や、地方巡業のときなんかは、ずっとSNSをチェックしています。大量に上がってくる写真を見ながら現場の雰囲気を感じたり、ファンの方のお子さんが関取に抱っこしてもらった写真に癒されたり、もう止まらないですね。たまに「お子さんかわいいですね」ってDMを送っちゃったりするので、本当に末期です（笑）。

そんなただの相撲ファンだった僕が、力士の方々とお付き合いさせていただくようになったきっかけは、芸人の先輩に誘われた琴奨菊関との飲み会でした。

20代のチャラチャラした芸人が相撲にくわしいわけがないと思われていましたが、力士の名前から出身と所属部屋とワンポイント情報を披露する特技がハマりにハマりまして、力士同士の飲み会にも呼んでいただけるようになったんです。

特に豊ノ島関にはとても良くしていただいて、多いときは週4くらいで会ってましたね。最初はお互いにシャイなのでなかなか会話も弾みませんでしたが、いまでは「このネットニュース、ヤバくないですか？」とか、「最近、こんな噂話があるんですけど……」とか、相撲と関係ないことをずっと話したりするようになりました。仕事で名古屋にいると、名古屋場所中の豊ノ島関からご飯に誘ってもらったりと、ずいぶんご馳走もしていただいて、ホントお世話になりっぱなしです。

おかげで、芸人としても強力にバックアップしてもらっていると感じます。テレビの若手芸人トーナメントの決勝に残ったときも、豊ノ島関と安美錦関から「ここからは本当の実力しか出ないんだから、優勝しようとか気負わずに楽しめばいいんだよ」と心強い言葉をいただきました。とてつもない力士がこうして自分を支えてくれているんだと思うと、ものすごい自信になりましたね。結局、決勝ではその実力が及ばず負けてしまいましたが……。

だから、いつか本業の芸人としてちゃんと売れて、相撲人気に貢献できるようになりたい。お世話になった力士のみなさん、そして相撲界に恩返しがしたいと思っています。

国技館でどす恋！ ひとり相撲デート

大学時代から足繁く通っている国技館ですが、改めて気づいたのはデートで行くのに最適だということ。力士との距離の近さ、取組の圧倒的迫力が楽しめるのはもちろん、18時には必ず終わるので時間的にもちょうどいいんです。

そこで、僕の過去の経験値を総動員し、国技館デートの完全版を作ってみました。みなさん、ぜひご参考にしてみてください。国技館デート、まったなし!!

① 迷ったら西側の席を取れ！

デートの日程が決まったら、とりあえずチケットを確保。いまや大相撲のチケットを取るのは至難の業、発売初日にチケットぴあに張り付いていてもむずかしいくらいなのですが、もし運良くチケットが選べることになり、「正面？　東？　向正面？　どこがいいの？」とパニックになったら、迷わず西側の席をとるべし！

その理由は簡単、圧倒的に西側が便利すぎるのです。館内のいろんなスポットへ移動する際、西側なら移動距離が最短になります。なおかつ、力士たちの出入りは西側なので、単純に入り待ち出待ちもしやすい。さらに、元力士で漫画家の琴剣さんの人気ショップも西側にあるんです！

席についての注意点を以下にまとめましたので参考にしてみてください。

- **枡席は4人で座るとぎゅうぎゅう（荷物は極力少なく）**
- **「枡席=TVに映る！」と思うな！　なめるな！　西田も映ったのは数回だ！**
- **枡席の一番後ろより二階席の一番前のほうが見やすいかも！**
- **2人枡という恐ろしくデート向きの席もあるよ！**
- **枡席では靴を脱ぐので着脱しやすい靴を！　そして足の臭いに細心の注意を！**
- **気合いさえあれば当日券は必ず買える**
- **千秋楽の当日券だけ少ないのは表彰式の演奏隊の席になるため**
- **国技館の収容人数は11098人**

②正面玄関からワクワクさせろ！

国技館に入るとき、まず注目すべきは正面玄関。なんと大相撲は地方場所も含め、チケットのもぎりがレジェンド力士たちなんです。元寺尾さんや元琴錦さんなど、現役親方がもぎりをしてくれるという、まさに神対応。言うなれば、ＵＳＪで『ハリー・ポッター』が、東京ドームで二岡が、旭山動物園でアザラシがもぎりしてくれるようなものですよ。

そう、まさに奇跡でしかない。

迷惑にならないように素早く握手をしてもらい、その激闘を繰り返してきた手の厚みを実感すれば、テンションは一気に１００にブチ上がり！

③インスタ映えスポットを見逃すな！

国技館には、遠藤関にお姫様だっこされる顔はめパネルや、自分も土俵入りしたかのようになれるパネル、相撲協会公式キャラクター「ひよの山」とのツーショットなどなど、インスタ映えスポットが多数！　ほかにも相撲協会公式インスタグラム連動の無料企画や、親方自ら接客してくれるグッズショップなど、挙げればきりがありません。

一番のオススメは、二階正面にあるプリクラ！　なんとフレームが幕内力士となっており、いろんな関取と一緒にプリクラを撮った気分になれるんです。

このように写真スポットがたくさんあるおかげで、スムーズにデート相手とのツーショットが撮れ、距離感もグッと近づくことまったなし！

④ちゃんこ！　ちゃんこ!!

デートで一番大事なのが食！　食が充実してないとデート相手がすねてしまうことだってありますよね。安心してください、国技館は食も充実しているのです！

以下に食の充実ポイントをまとめました。

・なんといっても一番有名なのが焼鳥！
国技館地下にある焼鳥工場で作られた焼き鳥（５本入りで６２０円）は絶品で、冷めてもおいしいと話題！　おみやげ用に複数購入する人も多く、いまでは東京駅でも売られているほど人気商品なんです！

・ユニークな力士弁当！

大関以上になると、自分の名前の入った弁当が各売店で発売されます。メニューもその関取の出身地の特産品や好物が入っており、毎回お昼過ぎにはほぼ売り切れ状態になる人気弁当。自分の好きな関取の弁当を買う人もいれば、メニュー重視で慎重に中身を調べてから買う人もいますね。

・お食事処 雷電

国技館内にある唯一のレストラン。ここでは親方や呼出さんがご飯を食べている姿が見られます。また、店内のＴＶで相撲が観られるので、取組の見逃しも最小限に抑えられます。オススメは天丼と蕎麦セット１３００円

・寿司処 雷電

なんと、国技館内で職人さんが握った寿司が食べられるのです。立ち食い寿司なので、取組の合間にサクッと食べられるのもいいんですよね。寿司以外にも、ローストビーフ丼や天ぷら弁当など、幕内土俵入りなみの豪華ラインナップをそろえています。オススメは特上５貫盛り１２００円

・国技館カフェのソフトクリーム

毎度長蛇の列を作っている国技館カフェ。ハンバーガーやタピオカなど、メニューが豊富です。オススメはソフトクリーム350円。バニラ味と毎場所変わる季節の味があります。

・やっぱり、ちゃんこ！

迷ったら王道を選べば間違いない！　というデートの提言があるかないかはわかりませんが、ベタな体験というのは誰でもテンションが上がるもの。相撲でベタといったら「ちゃんこ」ですよね！　地下の大広間ではちゃんこが食べられます！　国技館でちゃんこ、まさに鬼に金棒、魁皇に右上手。場所中は数日ごとに違う部屋のちゃんこが食べられ、お値段は250円。小学生の遠足のおやつの料金でもおつりがくる価格設定なんです。ちなみに、七味かけ放題です。

⑤圧倒的迫力

お待たせしました。やっとここからがデートのメイン、大相撲観戦。

まずは入り待ち。わずか1メートルほど前を、大男たちが鬢付け油の甘い匂いをさせながら通っていく様子は圧巻です。

初めて相撲を観る人でも、出身地や歳、自分と同じ文字が四股名に使われているなど、共通点がある力士を必ず見つけることができるので、「推し力士」を探しましょう。

推し力士を見つけたら、応援です！　大声で四股名を叫び、鼓舞しましょう。最初は恥ずかしいものですが、日々のストレスも発散できますし、何より目の前で熱戦が繰り広げられるので、気づいたころには自然と大声で応援する体になってしまっているはずです。

取組後は、入り待ちと同じ場所で出待ちをするとサインをもらえたり、写真を撮ってもらえたりすることが時々あります。こんな距離感が近い競技がほかにあるのだろうかって感じですよね。さっきまで大観衆のなか、土俵上で熱戦を繰り広げた力士たちと握手とかできちゃうんですよ！　文字に書いているだけで興奮してきましたよ!!

以下、応援するときの注意点をまとめました。

・座布団は投げない！

危ないので座布団は投げない！　ノリとかで投げる相手なら、その時点でデートは中止しましょう。人への迷惑を考えず、自分の快楽を優先するような人とは何をやってもうまくいきません。

・コールはやめよう！

初めて観戦する人は「なんでコールがダメなの？」と疑問に思うかもしれません。それは力士たちが集中できないからです。コールへの反対意見が競技をしている側から出ている以上、コールはやめたほうがいいですよね。

・時間いっぱいになったら叫ぶのをやめよう

ざわざわしている会場が、立合う直前にフッと静寂に包まれる。この緊張感がたまりません。叫ぶ側もオンオフをしっかりしましょう。

・席を立つとき、戻るときはタイミングを見て！

取組が始まってからや、立合いの直前に立ってしまうと本当に邪魔です。普段優しい人でも、ここで邪魔されると「ちょっとそこの人！　早く座って！　後ろ全然見えないよ！」とすごい剣幕で注意します。当然です、こっちも一番一番死ぬ気で応援しているんですから！

・力士への距離感を考えよう

たまに出待ちして失礼な言動をしている方々がいますが、力士はあくまで善意で握手やサインをしてくれているのです。距離感を考えて、わきまえて行動しましょう。

⑥共同作業

デートで一番盛り上がるのが、ふたりでの共同作業。そこで最適なのが「森永賞」です。土俵上をくるくる回る懸賞。その懸賞のひとつの森永賞は、館内の皆さんの投票でどの取組にかけるのか決めます。その中から3名の方に森永のお菓子が贈られるというおまけ付き。投票方法は、森永の商品の空き箱に名前などを記入して、館内4カ所にある森永賞の投票箱に入れるだけ。しかも、噂によると空き箱さえあればひとりで何票も入れられるみたいです。デートが近づいたら森永の商品を食べまくり、相手のぶんの空き箱を用意して臨みましょう。幕内の途中で森永賞の当選者の発表アナウンスがあるので、当落をハラハラしながら聞くだけでも、ふたりの距離がグッと近づくはず！

⑦機転の利く男をアピール

18時、すべての熱戦が終わったら、あとは気をつけて送り届けるのみ。

ただ、そこで待っているのが大混雑です。国技館出口から両国駅までは人混みでごった返します。そこで、機転を利かせて両国から出ている水上バスに乗ってみましょう。東京の夜景を見ながら今日一日の余韻に浸かっていたら、もうそこは浅草。

以上の7箇条さえ守れば、完璧なデートになること間違いなし。

なお、デートがうまくいっても付き合えるかどうかは別らしいということは身をもって体験しているので、うまくいかなくてもいっさいの苦情は受け付けておりません。

どすこい！

西田的地方巡業ガイド

大相撲が開催されるのは東京、大阪、名古屋、福岡の4都市。

我らが聖地「両国国技館」をひと通り経験した方にぜひ行ってもらいたいのが、東京以外の地方場所。

「地方場所って国技館と変わらないんじゃないの?」という向正面の読者のみなさんの声が聞こえますが……圧倒的に違うんです、距離感が!!!!

大相撲はほかのどんな競技よりも距離感が近い。地方場所はなおさら近い。

なぜなら、国技館と違い、地方場所の会場は相撲のために建てられたものではないから。

国技館では支度部屋から花道に入ってくるまで力士を見ることはできませんが、地方場所は違います。

なんと、花道とお客さんの道が一緒なんです。

取組直前の力士や、熱戦を終えて熱気むんむんの横綱と同じ道を通るなんて……この異様な状況がわかりますか？

わかりやすく野球でたとえると、毎回選手たちが座っているベンチを通って自分の席に行くようなもの。選手の集中をそらさないように、バットやヘルメットに触れないように息を止めてこっそり通る……。そんな体験を大相撲の地方場所ではできるんです！

そして、「どんな部屋に住みたいですか？」と聞かれて「支度部屋！」と答えるぐらい相撲ファンのあなた！　なんと大阪なら、その支度部屋に最接近できるんです。なんならちょっと見えます。

会場となる大阪府立体育会館は、仕度部屋の真ん前に売店があります。そのため売店で買い物をしていると、すぐ横のドアがバタンと開き、力士が颯爽と出てくるのです。

わかりやすく昔話の「鶴の恩返し」でたとえると、鶴が戸を半開きで機織りしているような状況ですよ！　もう見ないわけにはいかないですよね。

ほかにも地方場所では横綱も大関もみんなが正面玄関から入るし（国技館では大関以上は直接車で地下駐車場へ）、二階席が国技館より近くてお得だったりといいことずくめ！

そして、地方場所は稽古見学に行きやすい！

東京だと稽古見学は予約制だったり後援会の方限定だったりしますが、地方では基本的にほとんどの部屋が稽古を公開しています。

というのも、地方はその土地土地の後援会の方が宿舎を用意しており、その宿舎を開放することで近隣の方に向けたファンサービスも行っているんです。寺院や会社の敷地内、公民館など宿舎もさまざま。

それでは、最後に西田のオススメ地方宿舎3選を発表させてもらいます。

①太宰府天満宮（伊勢ヶ濱部屋九州宿舎）

おなじみ学問の神様・菅原道真公がまつられている神社。その敷地内に伊勢ヶ濱部屋の宿舎があるんです。

名所観光のついでに力士の姿も拝めて、一粒で二度おいしいレベルはトップクラスではないでしょうか。とてつもないパワースポットですよ！

ただ、力士のみなさんは昼寝中に幼稚園児たちから「お相撲さ〜ん！」と声をかけられたりして、ゆっくりできないこともあるみたいです。元伊勢ヶ濱部屋の芸人・めっちゃさんは、「でも、幼稚園の子はかわいらしくて癒されるんだよ〜」と言っていましたけどね。

②南蔵院（宮城野部屋九州宿舎）

金運のご利益がある最強のパワースポットとして有名な寺院。そして、参拝客を感動させるのが、仏像・釈迦涅槃像《しゃかねはんぞう》です。全長41メートル、高さ11メートルの横たわる仏像はブロンズ製としては世界最大級。それに加えて、横綱白鵬関の稽古も見ることができるなんて、もはやなんでも叶うパワースポット間違いなし！

ちなみに、そんな霊験あらたかな宿舎ですが、ガレージにバスケットゴールがあり、力士たちは横綱とフリースロー対決などに興じ、気分転換をしているのだとか。

③園田競馬場（田子ノ浦部屋大阪宿舎）

なんと競馬場の中に土俵があるんです！　馬券売場の一角に土俵が作られ、すぐ外では競走馬が走る、とてつもない珍百景！　稽古を見て、レースを見てと大忙し必至。また、馬券売場の上にある喫茶スペースをその期間だけ専用に使い、そこでちゃんこを作ったり寝泊まりしたりしています。

ちなみに、高安関はこの園田競馬場で興味のなかった競馬に挑戦し、３連単で２６５万円を見事的中させたことがあります。

また、稀勢の里関の付き人だった淡路海さんは、この宿舎が縁で現在は馬の世話をする厩務員をしています。

国技館という聖地があるからこそ違った楽しみを与えてくれる地方場所。実際に現地でその迫力、近さ、大きさ全部を体感してみてほしいですね。

（※稽古見学はできない場合もあるので、事前にＨＰで確認してください）

忘れられないドラマのような取組

相撲ファンとしてはまだまだ若造ですが、そんな僕でもずっと相撲を観てきて、いまでも鮮明に覚えているような印象深い取組があります。今回は、そのいくつかについて振り返ってみたいと思います。

まずはなんといっても、2008年の1月場所千秋楽、白鵬と朝青龍の取組。これはもう歴史的一戦ですが、僕の中では初めて時代の転換期を目の当たりにした取組なので、個人的にも思い出深いんです。

休場中にサッカーをしたことで出場停止となっていたものの、圧倒的な強さを誇っていた朝青龍と、朝青龍のいない間、ひとり横綱として大相撲を支えていた白鵬という、両横綱による相星決勝。いったいどっちが勝つんだと、ワクワクしながら観ていました。

いざ取組が始まると、土俵の中央でがっぷり四つになって、お互いが自分のほうに引きつけ合うんですよ。自動車がぶつかり合って、タイヤは回っているけど土だけがかき出されて全然動かないような状態で、体が地面にめり込んでいっているように見えました。本当に強い横綱同士ががっぷり四つで引きつけ合うと、こんなにも迫力があるのかと呆気にとられましたね。

お互い組み合いながらも細かい技を見せ合っていたのですが、最後は白鵬が上手投げを仕掛けて、一度はこらえた朝青龍を強引に投げ飛ばしたんです。土俵中央で一回転する朝青龍を見て、「白鵬の時代になったんだな！」と確信しました。まさに時代が変わる瞬間を目撃したというか。

また、実況もめちゃくちゃ良かったんですよ。引きつけ合っているときに「引きつけ合い！力比べ！」と言っていて。もうそれ以外の言葉がないっていうか、引きつけ合いって本当に力比べなんですよ。すごく端的でいいワードだなと思いました。

22歳で、誰もが認める大横綱として自分の時代を力づくで引き寄せた白鵬……えげつなくないですか？　正直、あれ以上の大相撲はそれから観てないですね。僕にとっては一番の大相撲です。

次は、2009年の5月場所14日目、日馬富士対朝青龍戦。僕にとっては絶叫度ナンバーワンの取組です。

小さくてすばしっこくて真っ向勝負もガンガンする。そんな姿勢に惹かれて、僕は日馬富士が安馬っていう四股名でやっていたころから応援していたんですけど、この5月場所で初めて千秋楽のチケットが取れて、しかも日馬富士が優勝できるかもしれないというタイミングだったんです。とはいえ、14日目は朝青龍戦。正直、厳しいかなと思いながらテレビを観ていたのですが、なんと日馬富士が切り返しという大技で朝青龍に勝ったんです。

足腰が強く、背中から倒れることなんて滅多にない朝青龍が、背中にべっとり砂をつけてうずくまっている。見たことのない朝青龍の姿に対するショックと、翌日には日馬富士の優勝争いが生で観られるという興奮で、思わず大絶叫をあげてしまいました。友人たちと散々飲み会をやっても怒られなかったマンションの隣人に、唯一怒られたのがこのときだったっていうくらい、テンションが上がってしまいましたね。

しかも、日馬富士は朝青龍にかわいがってもらっていて、相撲界では稽古をつけてもらった人に勝つのが一番の恩返しだといわれているんですけど、まさに恩返しの白星だったんじゃないかと思います。取組後、倒れている朝青龍のもとへ日馬富士が寄って行って、「大丈夫ですか？」という感じで背中に優しくポンと手をあてるんですよ、やっぱりお世話になっているので。朝青龍は痛みでうずくまったままでしたけど。そんなシーンも目に焼き付いています。日馬富士は翌日の千秋楽で初優勝を決めて、僕もその瞬間を見届けることができました。この14日の取組は、技巧派として駆け上がってきた日馬富士が、その真骨頂を見せつけた一番でしたね。

続いては、その2009年の5月場所千秋楽なんですけど、僕が日馬富士と同じくらい応援していた豊真将と嘉風の一番。個人的に最もグッときた取組です。

それまで二場所連続で二桁勝利し、初三役も目の前と勢いに乗っていた豊真将が、まさかの14連敗。ケガや不調でもなく、いい相撲をしているのになぜか歯車が噛み合わず、気がつけば連敗していたという印象でした。僕は国技館の2階席からこの取組を観ていましたが、応援したいけど観たくないというか、複雑な心境でしたね。

取組が始まると、嘉風の激しい突っ張りに対し、守りの豊真将が耐えて耐えて自分の形に持っていき、最後は押し出しで勝利。すると、土俵上で豊真将が涙ぐんだんです。土俵下で呼出さんにタオルをもらうときには号泣していて、僕も号泣してしまいました。会場に来ているお客さんも、みんな連敗のことをわかっているから豊真将に大声援を送っていて、「よくがんばった！」と拍手が起こっていました。こんなふうに、気持ちがひとつになるような客席の雰囲気を味わえたり、自分の思いを直接力士に届けたりできるのも、現場で観戦する魅力なんだと改めて思いましたね。

次は、2012年の11月場所5日目、豊ノ島と碧山の取組。九州まで観に行ったんですけど、地方は花道まで入れるので、初めて花道から取組を観ました。

このころにはもう豊ノ島関にお世話になりっぱなしだったので、花道から応援してみようと思ったんです。豊ノ島関も僕に気づいてくれたみたいで、「お、来たんだ」みたいな表情をされていて。それから付き人さんの後ろから花道の陰に隠れるように観ていたんですけど、付き人さんに土俵からアイコンタクトを送るような様子もカッコよくて、僕も陰に隠れながら付き人気分を疑似体験して興奮していました。

取組は、碧山に勝利して4連勝。豊ノ島関が花道に来て、僕の30センチ横を通り過ぎようとしたときは本当にドキドキしました。ファンの方々が「がんばったね！」などと声をかけている中、僕は何も思い浮かばず頭が真っ白になって。すると、豊ノ島関がパッと左手を上げたんです。僕もその瞬間、ずっと期待して待っていたかのように手が上がって、グータッチすることができました。もうめちゃくちゃうれしかったです！　東京に帰ってもまだ放心状態が続いていましたね。

大相撲中継では勝利した力士の花道の様子が映るので、あとで僕のグータッチが撮られていないかチェックしたんですけど、ちょうどグータッチしている僕のところに警備員さんがかぶっていて……グーの部分しか映ってませんでした（※P115参照）。一生に一度の思い出なのに、うれしさのあとに、こんな悔しい思いをするとは思いませんでしたね（笑）。いまでも、その丸かぶりの瞬間のスクリーンショットを見返すと、悔しさが蘇ってきます。

あと、先日、豊ノ島関にこの話をしたら、「そんなことあったっけ？」と全然覚えていませんでした（笑）。僕にとっては大興奮した思い出なので、「2012年の九州場所の5日目の碧山関との取組ですよ！」と言ったら、「あの勝ったときのか！」と取組内容のほうは覚えていて、5年以上前の取組についてスラスラ話されたんです。それはそれで「すげ〜」って思いましたね。

最後が、大相撲の残酷さを思い知った一番、2014年の1月場所千秋楽、里山と高安の取組です。里山は7勝7敗で、幕内での初めての勝ち越し、さらに技能賞がかかっていました。里山関には同じ奄美出身ということでお世話になっていたので、この千載一遇のチャンスを応援しようと、テレビにかじりついていていました。

取組は2分ぐらい続く熱戦で、里山が関節をキメられて「ブチブチ！」という音が聞こえるような場面もありつつ、最後は寄り倒しで里山の勝利。僕も「今日は祝杯だ！」と大はしゃぎしていたのですが、そこで、「髷《まげ》をつかんでいるんじゃないか」という物言いがついたんです。

VTRを観ても本当に微妙で、髷ではないけど頭をつかんでいるようには見える……祈るような気持ちで結果を待っていたのですが、最終的に髷をつかんでいたことになり、軍配差し違え、勝ちを取り消されてしまいました。天国から地獄とはまさにこのことで、しかも千秋楽だからリベンジする機会もなく、次の場所までむしゃくしゃした気持ちを持っていかなければならないんですよ……。

あとになって里山関に聞いたら、物言いのときは「人生で初めて神様にお願いをした」と言っていました。そこまで願うほど欲しかった1勝が、一度は手にかかったのにこぼれ落ちていくなんて、大相撲の宿命であるとはいえ、本当に残酷だなと思いました。千秋楽には、こういう運命にもてあそばれるようなドラマも多いんですよね。

西田も注目する若手力士

　新人が番付を駆け上がっていったり、因縁のバトルがあったりと、大相撲でも漫画みたいな熱いドラマが展開されることは多いんですよね。そこで、今後の活躍や新たなドラマに注目していただきたい、西田イチオシの若手力士（2020年8月時点）を5人選んでみました！

　まずは、琴勝峰関。個人的には、将来確実に横綱になれるくらいの逸材だと思ってます。190センチ・165キロと本当にいい体をしていて、しかもスケールの大きい相撲を取るんですよ。相手とがっぷり四つになっても見応えがあるし、大きい相手にも負けない。逸ノ城関のようなモンゴルの怪力力士とも遜色なく四つ相撲ができるし、小さい相手にも落ち着いて相撲を取れるので、すでに大物の風格すら感じます。

　また、同学年に朝青龍さんの甥っ子の豊昇龍関、大鵬さんの孫の納谷がいて、デビュー当時はそのふたりに話題を持っていかれていたのですが、そこから琴勝峰関は一番先に関取に上がって、幕内まで駆け上がってるんですよ。この時点ですでにドラマが始まっちゃってますよね！　相撲って番付運もあって、十両から落ちてくる力士がいないと幕下から上がれなかったりするんですけど、ギリギリの成績で新十両に昇進した琴勝峰関には番付運もあると思います。この相撲に愛されている感じ、〝持ってる〟力士であることも、将来を期待せずにはいられないポイントなんですよね。

それと、「柏相撲少年団」という少年団出身なんですが、ここから関取が6人も輩出されていて、「いま、柏が熱い！」と相撲ファンからも注目されているんです。今後は、琴勝峰関が柏出身力士の筆頭になっていきそうです。

一方、本人のキャラクターはというと、マジメというか朴訥《ぼくとつ》というか、笑顔もそんなに見たことがないくらいがむしゃらに相撲に打ち込んでいる印象です。土俵まわりでも無表情すぎて、不気味さすら感じることがあるんですけど……。逆に豊昇龍関がめちゃくちゃ感情を表に出すタイプなので、そのキャラクターはというと対比もいいんですよね。

あとは、実家が柏で居酒屋をやってるんですけど、本当においしくていい店らしいので、ちょっと行きたいなと思ってます（笑）。

次の注目力士は、相撲ファンにはおなじみの関取・明生です。ケガで十両に落ちちゃってますが、「いま一番稽古している力士」と評され、横綱・鶴竜関から「休みなさい」と助言されるほどの稽古の鬼なんです。猛稽古で知られる稀勢の里関も、明生関の取組を「稽古した人間にしかわからない相撲を取りますね」と解説したほど。

明生関の相撲の魅力は、横綱や大関と土俵の中央でがっぷり四つで勝負できるような力強さなんですけど、それだけでなくオールマイティな力士で、僕は対戦相手から技を全部吸収して、どんどん強くなっているんじゃないかと勝手な想像をしてしまうんです。相手の実力を引き出して、技をかけられながらもその動きを学んでいくというか……。幕内上位まで行ったときなんか、場所ごとに強くなっていきましたからね。的外れな想像かもしれませんけど（笑）。

性格もマジメで、伊勢ヶ濱部屋にずっと出稽古に行ったりしているんですけど、そのときに日馬富士関から「チャンスは1回しかないから、つかめるように準備しとけ」という言葉をもらい、それを金言にいっそう努力したそうなんです。普通は横綱がほかの部屋の若い衆にそんな積極的な言葉はかけないものですけど、明生関のがんばりや素質を評価したんでしょうね。

キャラクター的にもゆったりおっとりしていて、取組の前後も淡々としています。でも、仕切りの直前になると目つきがキリッと鋭くなるんですよ。勝負に挑む瞬間だけ内に秘めたものを感じさせる、そのギャップにゾワゾワしちゃいます。

あと、明生関とは同じ奄美大島出身で、彼が序の口デビューした年に、僕もNSCを卒業して芸人デビューしてるんです。だから、同郷の同期という勝手な思い入れがあります。ただ、明生関は中卒の叩き上げで、忍耐を重ねてがんばってきたんですけど、僕は大学に7年もいたようなまったく忍耐力のない人間で……。同じ奄美でもこんなふうに生きる人がいるんだって、勝手に励まされたり憧れたりしています。


続いては、まだ本名でやっている17歳の吉井です。中学横綱として角界入りして、16歳で幕下に昇進という史上3位のスピード出世記録を持つ有望株。貴乃花さん、稀勢の里関に次いで吉井なんですよ。ご存知のとおり上位のふたりは横綱になっているわけで、吉井も横綱の素質しかないと言えますよね。稀勢の里関はみんなから「ついに未来の大横綱が生まれるぞ！」という期待を集めてきたんですけど、吉井にも同じような期待が寄せられているんじゃないでしょうか。

身長はそんなに大きくないんですけど、突っ張りタイプでありながら組んでも強いので、これから自分の型をどう見つけていくかにも注目しています。横綱に上がる人って、やっぱり圧倒的な型が必要なので。

いまは中学横綱からそのまま角界入りってほとんどないんですけど、吉井の活躍によって、そんな状況すら変わっていくかもしれない。年齢的にも1日ごとに強くなっていってもおかしくない時期だし、いままさに番付を駆け上がろうとしている見逃せない存在です。

4人目は、吉井と同期の北の若。まず、注目していただきたいのが、恵まれたルックスです。すでに「スー女」と呼ばれる相撲好きの女性からは「若様」と呼ばれているほどのイケメンで、若いのに色気もあるんですよ。さらに189センチの長身という、まさに角界のプリンス的な存在です。

実力も申し分なくて、中学、高校でも活躍していたんですけど、実は僕、中学時代の北の若を見かけたことがあるんですよ。ある部屋の稽古見学に行ったら、北の若が後援会の方に連れられてきていて、親方に気に入られて稽古に参加していたんですよ。関取しかつけられない白まわしをつけさせてもらって稽古をしていたんですけど、もう映える映える。すり足をする姿にみんなほれぼれしていました。オーラがあるってこういうことなんだなって、鮮明に覚えています。

北の若も器用なんですけど、相手に突っ張られても耐えて逆転勝ちできるような粘り強さもあって、どちらかといえば四つ相撲タイプの力士ですね。同期の吉井が突っ張りタイプなので、四つ相撲の朝乃山関と突っ張りの貴景勝関みたいなライバル関係が生まれるんじゃないかとワクワクしてしまいます。

また、兄弟子の隠岐の海関もイケメンなので、その力士らしい色気や風格、立ち居振る舞いを学べば、さらなる人気アップも間違いなし。まだ吉井ほど順調ではなく、苦労しながら番付を上がっていっていますが、一度高校横綱の自信をへし折られたことでより一層強くなっていると思うので、これからの活躍に期待です！

最後は、ベタになっちゃうんですけど宇良関ですね。宇良関もケガで番付を落としちゃってるんですけど、彼が戻ってくることで、稀勢の里関が横綱になったときのように相撲ブームが再燃するための材料がそろうと思っています。

いまは炎鵬関がアクロバティックな相撲で注目されていますが、その前に奇抜な相撲で話題になっていたのが宇良関なんです。わざと下がって土俵の俵に1度足をかけてから、助走をつけて相手にぶつかるっていう、本当に漫画みたいな取組をするんですよ。相撲ＩＱがバツグンに高くて、ほかにも「たすき反り」という十両以上では現在の決まり手史上はじめての決まり手を出したくらい、センスがあふれまくっている力士ですね。

さらに、最初に幕内に上がったときはアクロバティックな小兵ということで注目されていましたが、ケガをしてから肉体改造をしまくって、いまは小兵と言えないくらい筋肉の鎧を身につけています。それでいて俊敏性も落としていないので、幕内に戻って「宇良×炎鵬」なんて実現したときには、恐ろしいことになりますよ！

あと、最近の有望な若手の共通点かもしれませんが、宇良関もあの奇抜な取組からは想像できないくらい、おっとりした性格なんですよね。取組前に体を拭いたタオルを呼出さんに渡すんですけど、そのときに呼出さんにちょこんとお辞儀をしたりするくらいで。そんな力士見たことないですよ。塩をまく量も、ボケかと思うくらい少ないです（笑）。

そういえば、ある関取がインタビューで言っていたんですけど、カラオケに行ったら、宇良関は童謡の『海』を淡々とフルコーラス歌いきったらしいんですよ。本当に不思議な人ですよね（笑）。

ただ、爆発的におもしろい取組をする力士であることは間違いないので、幕内に復活してくれるのが楽しみです！

以上が西田イチオシの若手力士ですが、改めてタレントはそろってるなって思いますね。いま20歳前後の力士が20代後半になるころには、大相撲もだいぶ世代交代が進んでいるはず。そのとき、今回取り上げた力士や、まだ名も知られていない力士がどんな景色を見せてくれるのか、楽しみでなりません。

5年後くらいにこの本を読んだら、「西田えげつなく当ててるやん！」って思ってもらえる自信があるので、どうか捨てずにとっておいてくださいね！

どうでもいいけど気になること

大相撲をずっと観ていると、どうでもいいことが気になって仕方なくなることがあります。最初は取組だけに夢中で、ほかのことなんか目に入らなかったのですが、そうやってスルーしてもずっと頭の隅っこに残っているのか、だんだんどうでもいいことの存在感が大きくなっていくんです。


気になるものとしてみなさんにも共感してもらえるんじゃないかと思うのが、テレビ観戦のときに画面に映り込む芸能人の方々。

料理家の神田川俊郎さんや林家ペー・パー子師匠、大村崑さんなどを見かけるとちょっと得した気分になるし、「誰のファンなんだろう?」「誰が勝ったときに喜ぶのかな?」と目が離せなくなります。

著名人以外でも客席には気になる人が多くて、競争率が高く、チケット代も高額な溜席（通称砂かぶり席）に15日間毎日いる人を発見して、「どんだけのセレブなんだ……」と恐れおののいたり、クセの強いお客さんの応援ぶりに愛の深さを感じたりすることも。

個性的な観客といえば、名古屋場所で見かける「やみつきおじさん」も見逃せない存在のひとりで、このおじさんは常に元大関の琴光喜さんが名古屋で経営している焼肉店「やみつき」のTシャツやうちわを持って観戦していました。しかも、中継のカメラワークもバッチリわかっていて、うちわの文字がカメラに映るように、角度まで細かく調整しているのです！　ちなみに、このやみつきおじさん、当の琴光喜さんは「まったく知らない人」だと言っていました。

国技館で相撲を観戦するときも、ついつい気持ちが横道に逸れていってしまうことは多々あります。

なかでも本当に細かい話なんですけど、国技館の売店で売られているシュウマイのしょうゆを入れるところの〝幅〟に引っかかってしまいます。しょうゆ差しが入っているところにしょうゆを入れて、そこにシュウマイをつけて食べようとするも、幅が狭すぎてシュウマイが窮屈になってしまう。巨漢力士のなかに潜って必死で頭をつけて投げにいこうとする小兵力士のようになるというか……。結果、シュウマイに気を取られて取組を見逃しそうになるので、もうちょっとなんとかしてほしいんですよね。

ちなみに、パッケージが大相撲の錦絵になっていてわかりにくいのですが、国技館のシュウマイはあのシュウマイ界の絶対的横綱「崎陽軒」のものなので、味は間違いなし。もっと評価されてもいいと思います。

また、テレビ観戦と違って、現場で観ていて気になるのが声援です。

ひいきの力士が土俵上に上がると、大声で四股名を叫んで応援しますが、たまにその声量と肺活量がえげつない人がいます。

「いちのじょーーーーーー!!!!」

そう叫ぶ、ある逸ノ城ファンの女性の声援は、国技館中に響く声量、声の長さ、ともにケタ違いで、声援が終わると客席から拍手が起こるほど。僕も、もはやその拍手込みで逸ノ城コールを楽しみにしています。

いざ土俵に目を向けても、どうでもいいことの誘惑は続きます。

たとえば、土俵上をまわる懸賞。一つひとつの懸賞には館内だけでアナウンスされる広告文があります。「味ひとすじ、お茶づけ海苔の永谷園」など、テレビからかすかに流れてくるアナウンスを耳にしたことがある人も多いのではないでしょうか。

この広告文は文字数に制限があるので、どれもよく考えられているんです。「味の決め手は伯方の塩」のようにストレートに購買意欲を高めるものもあれば、「イエス！　イエス！　高須クリニック」を3連発でアナウンスすることで会場の笑いを誘いうまくPRするものなど、企業によってアプローチはさまざま。

なかでも僕が特に気になるのは、火鍋でおなじみの「小肥羊（しゃおふぇいやん）」。

「中国ちゃんこ　おいしい小肥羊」

「社長青山浩が社員一同おもてなし」

「うまいちゃんこ！　中国火鍋の小肥羊」

初めてこれを聞いた瞬間、「いや、社長情報いる⁉」と思わずツッコんでしまいましたが、それからというもの、小肥羊の懸賞を楽しみに待っている自分がいて、いまでは渋谷の「小肥羊」に頻繁に通うほど広告効果をモロに受けてしまいました。

そして、懸賞アナウンスでもうひとつ外せないのが、みなさんご存知「オロナミンC」。

「元気ハツラツ！　オロナミンC」

「飲んで元気　オロナミンC」

「炭酸栄養ドリンク　オロナミンC」

これも、「いや、最後だけなんか無機質！」「せっかく元気ハツラツとか言ってたのに！」とツッコミ欲がそそられるという意味では、絶妙なアナウンスかもしれません。


それと土俵といえば、櫓の上に垂れ下がる「満員御礼」の垂れ幕に心を持っていかれたこともあります。

この垂れ幕、朝の開場時は、文字が見えないように上に畳まれた状態で垂れ下がっているんですけど、これがいつの間にか「満員御礼」と下まで垂れ下がっている。「今日こそは下りるところを見るぞ！」と思っても、気づいたら下りているんです。

あまりにも悔しくて、一度だけ土俵上の展開を泣く泣く見逃しながら、10分ほど垂れ幕をひたすら注視したことがあります。

そして、念願の垂れ幕が下りる瞬間を見たのですが、それはとてつもなくゆっくり、想像以上にゆっくり、門限を破ってこっそり部屋に帰ってきた力士のように物音をたてることなく、ひたすらゆっくり下りていきました。

土俵には無限の可能性がある

令和2年5月。

新型コロナウイルスの感染者はいまだ増え続け、終息する気配はありません。

「当たり前にあった日常が、当たり前じゃなくなる」

ほぼ毎日のようにあったお笑いライブもなくなり、いろんなことを考えさせられ、気づく日々が続いています。

テレビから流れる相撲を観ながら、夕飯の仕度をしたり、ときにはウトウトしたり……。こんな大好きな日常がすっぽりなくなるなんて考えもしませんでした。


3月の大阪場所は、史上初の無観客開催でした。

15日間の静寂から見えてきたのは、紛れもなく大相撲は神事だということ。

柏手の乾いた音、四股を踏む重い音、せり上がりでのじりじりと砂を噛む音。日本国中がマスクで口を塞がれるなか、目と耳で脈々と続く大相撲の歴史を固唾をのんで見守りました。

伝統や神事は、日常から逸脱した「非日常的」であるが故に神々しいんだな、と改めて気づきました。

そして、この長い歴史のなかで、変容する社会の価値観やルールのすべてに適応しないからこそ、大相撲は独特の形式を保持できているのではないかと。


続く5月場所は中止となり、過去の大相撲を振り返る番組が放送されました。

そこでも普段なら考えもしないようなことをついつい考えてしまいました。

たとえば平成の相撲界。

「外国出身力士の台頭」と語られる一方で、揶揄されたのは「日本人力士の衰退」。

果たしてそうなのでしょうか。

この現象は、狭く丸い土俵に魅せられて、その中で生きたいと思う強者たちが世界中から集まり続けた結果だと思います。

平成の前半、一大ブームにもなった若貴兄弟が登場すると、小錦や武蔵丸、曙といったハワイ勢としのぎを削り角界を沸かせました。

平成半ば、朝青龍が圧倒的強さをもって現れると、次いで白鵬、日馬富士、鶴竜などのモンゴル出身力士たちが登場し、現在にも繋がる新たな展開を見せています。

また、琴欧洲や把瑠都などの欧州勢も活躍を見せ、相撲はもはや世界語になり、「ＳＵＭＯ」とも表現されはじめました。

毎年世界各国から選手を招待して開催される「白鵬杯」に、２０２０年は13の国と地域から千人超の選手が参加しました。

「入った者は出たら負け」という狭い土俵に向かって、世界中から「ＳＵＭＯ」をしにきているのです。

時代は令和になり、大相撲界はどのような未来へ向かっていくのか。

豊かに実った稲の藁で一つひとつ編んで作られた俵は、狭い中でも∞の可能性を秘めた土俵を作り上げている。

ずいぶんたいそうなことを書き連ねてしまいましたが、僕を知っている人ならおわかりのように、普段なら絶対こんなこと考えもしないんです。

なにぶん、ただいま18連休中。

時間がありすぎるのも考えものですね……。

力士とルームシェア

「あ、そう、ルームシェアすることになったのね。お相手は芸人の方？　え？？？　力士？　力士ってお相撲さん？　相撲部屋に住むってこと？」

コーラだと思ってめんつゆを飲んだときも「あらまぁ」だけだった母親の驚きぶりが電話口からも伝わり、改めて力士と一緒に住むということが、いかに日常からかけ離れているものか気づかされました。

僕は2年とちょっとの間、力士とルームシェアをしていました。

力士は関取になるとやっと一人前と見なされ、いろいろとできることが増えます。

わかりやすいのが、大部屋での共同生活から解放され、個室が与えられること。外で自分の部屋を借りることもできます。

どんな関取、横綱に聞いても、「一番うれしかったのは、関取昇進が決まったとき」と答えるぐらい、関取と若い衆には雲泥の差があるんです。

背伸びして借りた恵比寿の部屋を更新するか悩んでいたとき、友だちの「ぐっちゃん」こと大喜鵬（当時、宮城野部屋所属の幕内力士で、本名は山口）にその話をしたら、「ウチくる？」と中山ヒデさんばりのさわやかな提案をしてくれて、あっという間に奇妙な同居生活が始まりました。

まず同居1日目に驚かされたのが、その食べる量。

2人でしゃぶしゃぶをたらふく食べて家に帰ると、しばらくするとキッチンから聞こえてきたのは「ジュウゥ〜〜〜」。

なんとぐっちゃん、おもむろにステーキを焼きだしたのです。

「え？　マジ？　ウソでしょ？」

「何が？」

「ステーキ？　もうお腹空いたの？」

「いや、お腹空いたとかじゃなくて……口直し！」

「肉から肉だよ。口直ってないよ」

「肉の焼き方が違うから口直しでしょ」

力士は食べることも稽古のうち。ものすごくハードな朝稽古、その後の筋トレなどで消耗した体は、栄養のあるものをとにかくたくさん食べ続けないとやせてしまいます。

横綱日馬富士関は、「若手時代に一番きつかったのは、ちゃんこの時間」と言ったほど。

深夜のステーキが少しでも相手を押すパワーになるのです。

ただ、それでも理解できなかったひとことがあります。

「焼き肉のタレ味の歯磨き粉があったら、爆発的に売れると思わない？」

ぐっちゃん、ごめん。いまだに思わない。


同居して改めて思ったこと。

それは、力士のスケジュールの過密さです。

力士は国技館で行われる本場所以外に、大阪、名古屋、福岡といった地方場所、さらにその合間に行われる地方巡業にも出向く。ほかにも取材やパーティー、行事への参加などがあり、本当の休みと呼べるのは場所後の数日くらい。東京にいるのは年間の半分以下なんです。なので、遊びや飲みに行ったのは数えるぐらいしかなく、ほぼひとり暮らし状態。地方からぐっちゃんが帰ってくるときは、あわてて部屋をきれいにしましたね。あと、なんだかわからないけど照れてしまいました。

ぐっちゃん、それなのに僕の3倍の家賃を払ってくれてありがとう（笑）。

また、力士は基本的に上裸です。

鋼の筋肉をまとった体は熱を帯びているため、基本的に家では一年中上半身裸。服を着ても、せいぜいタンクトップ。

もちろん、夏場のエアコンは16℃＋強風マックス。冬はちょっと暑いから扇風機に切り替える。もはや亜熱帯地方の生活ですよ。僕自身、徳之島という熱帯生まれなので、空調ガンガン生活には慣れていると思っていましたが、そんな僕が夏に家でヒートテックを着ることになるなんて……。いかに極寒か、おわかりいただけるのではないでしょうか。

ただ、年中裸で過ごし、そして見られる職業ということもあってか、その肌はおそろしく艶やか。

そんなマッスルボディーで暑がりのぐっちゃんは、冬場に僕が着ていたコートを見てこう言いました。

「それヤバいね。北極とかで着るやつじゃん！」

ぐっちゃん、北極でダッフルコートはさすがに死ぬと思う。

そして、力士はとにかくいい匂いがします。

力士とすれ違ったことのある人ならわかるかもしれませんが、髷を固める鬢付け油は、甘いバニラのような香りがするんです。そのとてもいい香りが部屋に充満するので、家に帰った瞬間に癒されます。ただ、本人はずっとその油をつけているので、鼻が麻痺してその香りがいっさいわからなくなったそうですが……。

鬢付け油をつけているので、シャンプーを使う量も尋常じゃありません。

一度のシャンプーで、市販のボトル半分くらいは余裕で使います。シャワー中に頭上からシャンプーをかけ続けるドッキリかっていうほど、ひたすらかけるんです。

そのため、普段は専用の固形シャンプーを使っているのですが、一回試しに使わせてもらったら、髪の油という油が持っていかれて、遊び古されたリカちゃん人形くらいキシキシになりました。

ちなみにお風呂といえば、普通の浴槽にあの大男たちが入ってもお湯があふれないようにするには、どのくらいの量をためればいいと思いますか？

その問いにぐっちゃんはこう答えました。

「だいたい2割ぐらいでいいよ！」

ぐっちゃん、それでも少しあふれてたね。


そんな奇想天外な同居生活でしたが、一番心に残っているのは、勝負の世界で生きる者の覚悟です。

「下手したら死ぬかもしれない」という覚悟で、力士たちは毎日土俵に立っています。あのいつも笑顔のぐっちゃんも、土俵上では大喜鵬として家では見せたことのない顔をしていました。

学生横綱として鳴り物入りで入ってきたぐっちゃん。

幕内まで番付を駆け上がっていったぐっちゃん。

横綱白鵬関との鬼気迫る猛稽古に明け暮れたぐっちゃん。

疲れすぎて起き上がってこれなかったこともあるくらい、日々の努力を怠ることはありませんでした。

それでも圧倒的な差で負けるのを目の当たりにして、想像もつかない強者たちと戦っているのが素人目にもわかりました。

そんなぐっちゃんの姿を見て、相撲部屋のおかみさんがよく口にする言葉の重みがわかった気がします。

「負けたっていい。ただただ無事で帰ってきてくれれば」

ぐっちゃんはその後引退し、2児の父になりました。

ぐっちゃん、同居させてくれてありがとう。

「カトルセゾン」万歳！

相撲ファンの心の拠り所『闘勝花』

目立ちたがり屋なのに人見知り。小学校の通知票にこう書かれたほどの人見知りゆえに、僕は相撲ファンの方とあまり交流できていません。

そんな僕が相撲トークを求めて通う数少ない店のひとつが、草加にある居酒屋「闘勝花」。都内にあったら毎日通いたいくらい、とにかく楽しくて居心地がいいんです。

マスターは小3から相撲を始め、その後「闘勝花」の四股名で力士をやっていたんですけど、その経験を活かした独特な相撲観から、お店には年齢や肩書きを問わずたくさんの相撲ファンが集まります。それでいてみんなが相撲を和気あいあいと語り、知識の量やファン歴などでマウンティングを取り合うようなイヤな感じにならないのも、マスターの人柄のなすところでしょう。

マスターにはプロアマ問わず「相撲」のあれこれを教わってきましたが、なかでも印象的だったのはマスターの師匠である境川親方の〝漢気〟エピソード。

マスターが上京する前、地元で行われた激励会に親方が来てくださり、「何か持って行く物はありますか？」と尋ねると、「ご両親と一緒に目覚まし時計を買って持って来てください。それ以外は何もいらないから」と言われたそうです。毎朝起きたとき、それを見て家族や田舎を思い出せばキツい稽古もがんばれるというのが真意なのですが、こんなかっこいいエピソードありますか⁉

またあるときは、部屋の前を通りかかったラーメン屋台のおじさんを引き留めて、「今日は売り上げ少なかった？　だったら、残りの麺で全部作ってくれ！」と、弟子においしいラーメンを食べさせたのだとか。

境川親方の粋なエピソードはほかにもたくさんあるのに、「親方はこういう話をべらべら話すのを嫌うし、実際に怒られるんだよ（笑）。『おまえほど怒った弟子はいない』っていまだに師匠からよく言われるくらいだから、勘弁して（笑）」と言ってあまり話さないマスター。でも、親方の話をしているときのマスターは、どこか誇らしげです。

そして、親方は親方で、「闘勝花さんにお世話になってます」と話すと、「逆にお世話してるんじゃないのか？　あいつは元気してるか？」と笑顔で思いやる。

こういう師弟の絆がたまらないんですよね。

マスターの軽快なトークは、相撲論でも止まりません。相撲の経験と豊富な知識に裏付けられた技術や精神に関する話には、毎回ハッとさせられてばかりです。

たとえば、立ち合いの瞬間に相手をかわす「変化」は、あまり美しい戦い方ではないと叩かれがちですが、マスターはそういうことは言わないんです。逆に、幕内レベルでスピード勝負できることがどれほどすごいか、変化がいかに技術としてハイレベルであるかなどを、相撲経験者ならではの視点で語ってくれるので、とても勉強になります。

また、仕切りのときの手のつき方といった所作ひとつをとってみても、やっぱり経験者は違うなぁ、とうならされることばかり。

さらに、マスターは相撲のことならなんでも親身になってくれる熱い人で、僕らキンボシの単独ライブの幕間映像（ネタの合間に流れる映像）を手伝ってもらったこともありました。

その映像は、相方の有宗へのドッキリ企画として、「有宗杯」という相撲大会を（有宗に当日まで内緒にしたまま）実施するというものでしたが、闘勝花さんは企画から参加者集め、会場探しなど、あらゆることをサポートしてくれたんです。おかげでかなり本格的なアマチュア相撲大会が実現し、いきなり主催者になった有宗を呆然とさせることに成功しました。

ツテをフル活用して、どんどん話を進めてくれたマスター。本当にあのときはひたすら感謝しかありませんでした。ただ、それ以来、「また有宗杯やろうよ！」と、マスターからたびたび声をかけられるんですけど、あのしんどさを思い出すと（かなり大変だったんです……）、なかなか「うん」と言えない自分がいます。


お店での出来事といえば、僕の出身校である早稲田大学の学生を紹介されたことも。すごく謙虚で礼儀正しい好青年で、「西田さんすごいですね！」と言われるのが気持ち良くて、かなり調子に乗って相撲の話をしまくったんですけど、あとからマスターに「（錣山親方である）寺尾関の息子だよ」と聞かされて、一瞬で顔が真っ赤になりましたね。

お父様である寺尾さんもとても礼儀正しい方で、後日、国技館でもぎりをされていたのでご挨拶したら、「息子がお世話になってるみたいで、ありがとうございます」とお礼を言われてしまい、うれしいやら恥ずかしいやらで、また顔が真っ赤になってしまったのでした。

そんな魅力あふれるマスターだけど、ひとつだけどうにかならないかと思っていることがありまして……異常なまでに距離感が近いんです（笑）。

とにかく電話が頻繁にかかってくる。一度出なかったら、3回連続でかけてくるのは当たり前。

そしてかけ直すと「どうしたの？」と用件も忘れている……。

その術中にハマり、気づいたらマスターは相手の懐に入っている。さすが業師。

とにかくいい人なのは間違いなくて、僕は大好きなんですけどねぇ。

キンボシ後援会会長　豊ノ島さん

一時期、錦糸町で力士の「ぐっちゃん」と暮らしていた僕。そのころから、僕の相撲漬けの生活はより濃度が増していきました。

同居生活に加えて、その濃度を高めてくれたのは、豊ノ島さん（あえていつものさん付けで）。少し前に知り合った豊ノ島さんに錦糸町に引っ越したことを告げると、「近所なんだから、ご飯に困ったときはいつでも連絡して！」と言ってくれました。

当時吉本からの給料は月４万円程度。ギリギリの生活のなかで、〝遠慮〟という言葉が抜け落ちていた僕は、それからというもの、多いときで週４日はご飯をごちそうになりました（笑）。おかみさんが作るおいしい家庭料理、焼肉、中華、焼き鳥などなど、毎度絶品料理をたらふく食べさせていただいたおかげで、錦糸町に引っ越してからの半年で僕の体重は８キロ増加。気づけば新弟子検査をクリアできる体重になっていました。

そんな夢のような日々で、「ホントに夢のなかにいたのかな？」と勘違いしてしまうほどに違和感を感じた言葉がありますので、一部をご紹介したいと思います。

それは、錦糸町の焼肉店「三千里」での出来事。

「西田！　もうお腹いっぱい？」

「はい……。もう限界です」

「さすがに俺もお腹いっぱいになったなぁ。デザート食べるか？」

「デザートなら少し食べられます！」

「すいませーん！　えーと……ビビンバと豚足ください」

豊ノ島さん、デザートの概念を教えてください。


そして、豊ノ島さんの近くにいて驚かされたのが、その運動神経。

フットサルやソフトボール、ボウリングなど、いろんなスポーツを一緒にさせてもらいましたが、とにかくうまい。

ボウリングは軽くスコア２００を超えるし、ジャンピングボレーシュートも華麗に決めちゃう。

「この世の中で一番強い競技は相撲」という説は、豊ノ島さんと過ごしていよいよ確信的になりました。

あの筋肉でできた巨体は俊敏に動くし、センスもテクニックも兼ね備えているんです、そりゃあ強い。

おまけにゲームもうまく、いつもボンバーマンでボコボコにされていました。でも、優しい性格なので、なぜかボンバーマンを気遣っていた豊ノ島さん。

「ボンバーマンも毎回爆弾食らってホント大変だよな。俺だったらさすがに爆弾食らったら休場するわ」

豊ノ島さん、さすがに休場だけじゃすまないと思います。

勝負師として土俵と向き合う豊ノ島さんの生活を間近で見て思ったのが、家族も同様に闘っているということです。

おかみさん、娘さんも、ともに喜び、ともに涙する。

アキレス腱断裂という大怪我を負い、幕下陥落を余儀なくされ、ほぼ無給生活になったときも、おかみさんは「いざとなったら私が働くから、精一杯やりきって」と言い、娘さんは「将来は看護師さんになりたい。だってとーとの足を治したいから」と言っていました。

壮絶なリハビリを乗り越えて見事幕内まで復活できたのは、〝家族〟の支えがあったからと、豊ノ島さんはインタビューで言いました。

おかみさんと一緒に本場所を観たことがあります。

そのとき、惜しくも豊ノ島さんは負けてしまったのですが、その帰り、おかみさんの携帯に豊ノ島さんから電話がかかってきました。

「負けた旦那さんになんて声かけるのだろう？」とドキドキしながらその様子を見ていると、おかみさんが開口一番、こう声をかけました。

「どうしたの、天才」

おかみさん、かっこよすぎやしませんか。

豊ノ島さんと一緒にいて勉強させてもらったことには、「漢としての立ち居振る舞い」もあります。

着物を着こなし、番傘を必ず使うなど、「力士として」を常に意識して行動しているのはもちろん、粋なこともサラッとできるんですよね。

鹿児島を一緒に歩いたときは、「豊ノ島関！」と握手を求めてくる大勢の方一人ひとりに「キンボシ西田もよろしくお願いします」と言ってくれましたし、ファミレスで店員に横柄な態度をとる別の部屋の若い衆の力士を見たら、「さっきのような態度はだめだよ。力士みんながそうだと思われるでしょ？」と優しく諭していました。

僕がクイズ番組で100万円獲得したときのこと。「俺はいいからほかの人にご馳走してあげて」と言うのを必死で説得して、スッポン料理をご馳走させていただきました。

その帰り道、いきなり神妙な顔になった豊ノ島さん。

「西田！　ご馳走さまでした。名の通りやっと金星取ったな。ただ、俺も一応最高位は関脇。幕内力士だ。だからな……」

豊ノ島さんの手には懸賞袋。

受け取ると、ずっしりと重い。

「やっぱり相撲が好きな人にこそ、これを持っててほしくてさ」

豊ノ島さん、かっこすぎやしませんか。

豊ノ島さんは令和2年3月場所に引退し、いまは井筒親方として後進の指導に励んでいます。

「いままでは膝の負担を考えてしてあげられなかったけど、これからはたくさんしてあげられるよ」と娘さんを肩車しながら、屈託のない笑顔で言いました。

親方、西田への指導も引き続きよろしくお願いいたします。


最後に……。

鹿児島の郷土料理屋でご飯を食べたときの出来事。

たらふく鹿児島のおいしい料理を食べると、豊ノ島さんは宿舎に帰ったあとの夜食用におにぎりを3つ注文しました。すると、すぐ店員さんがやってきて言いました。

「注文されたおにぎり、ひとつがけっこう大きくて、一人前で2個ついてくるのですが、3つの注文でよかったでしょうか？」

「あ、なるほど。じゃあ4人前ください」

豊ノ島さん、どういう計算で注文が増えたんでしょうか。

69代横綱 白鵬翔

日本国民誰もが知る希代の大横綱。69代横綱白鵬翔。優勝回数は歴代最多の42。通算勝利数、幕内勝利数、全勝優勝回数、などなどことごとく記録を塗り替え、作り上げた記録をいまなお伸ばし続けているまさに相撲の神様（2019年12月現在）。

2012年、ある幕内力士の断髪式後のパーティー。相撲が大好きというだけで、なんの功績も持たない若手芸人の僕も参加をさせていただくことになりました。

緊張を隠しきれずひたすら隅っこでウロウロする挙動不審な僕にかけられた、「おーい、そこの若い君、こっち座るか？」という声。

いまでも、あの瞬間は夢だったのではないか思うことがあります。

白鵬関が僕に話しかけているのです。あの大横綱が。恐る恐る隣に座らせていただくと、白鵬関は「君は芸人さんなのか！」と言って、そこからずっと私の目を見ながら話をしてくれました。

自分がいかに幼いころから相撲が好きかということを、トークを生業にする芸人とは思えないほど緊張しながら、支離滅裂な言葉で、ただ精一杯に伝えました。そんな僕に白鵬関は優しく握手をしてくれました。

大横綱と握手をした瞬間、ふと意外なことに気づくと、白鵬関は僕の表情にそれが一瞬出たのを見逃すことなく、「手の大きさのことか？　よく気づいたね。歴代の横綱より小さいんだよ。でも、この手のサイズはまわしの幅と一緒で、つかむ力が逃げないんだよ」と小声で話してくれ、互いに笑みを浮かべました。

あの瞬間、大横綱と僕だけの秘密を共有できたような気がして、胸がより一層高鳴りました。

その後も話は弾み、「西田君、徳之島出身なのか！　徳之島と言えばさ……」と、横綱が徳之島での思い出を語ってくれました。

巡業でのトーナメントは、副賞で米や酒などの特産品が贈られるのが慣例です。僕の出身地・徳之島の副賞は牛。牛は牛でも「牛一頭」。

この明らかにオーバーランし過ぎた「お・も・て・な・し」に対して、横綱はなんと、その牛を東京に持ち帰ると言い始めたのです。最終的に関係者たちの必死の説得で断念したそうなのですが、「宮城野部屋の横の駐車場のスペースで飼えると思うんだけどなぁ」と寂しそうにポツリ。

そのパーティー以降、横綱に食事に誘っていただくような、想像を絶する夢のような日々が始まります。

横綱のそばにいて気づいたことは、とにかく普段から「勝ちぐせ」をつけていること。バスケでフリースロー対決をしたときは（※P115参照）、成功するまでやり続け、必ず良い印象で終わる。それがお酒の杯数でも、じゃんけんでも、手押し相撲であっても一緒です。

一番参ったのは、サウナの中で「国の名前」をお題に山手線ゲームをしたとき。約30巡目で横綱が大汗をかきながら、10分ほど考えた末に「あ、モンゴル！」とうれしそうにひねり出したときは、「横綱、それ一番最初に言いました！」と告げられるはずもなく、「参りました、横綱の勝ちです」とサウナを逃げ出しました。

横綱はすべてにおいて思慮が深く、一つひとつの行動・言葉で僕を圧倒します。

ファンにサインを求められたとき、「何かひとことメッセージをくれませんか」と頼まれると、横綱は赤い大きな手形（実は歴代横綱に比べると少し小さな手形）の右上に小さく「夢」と書きました。

「横綱、普通、手形の真ん中に大きく文字を書きませんか？　文字が小さくて、バランスがあまり良くないような気が……」と分不相応にも尋ねると、待ってましたとばかりに、いたずらっ子のような笑みを浮かべ、こう言いました。

「西田、夢ってのはな、手の中にあるのはもう夢じゃないんだよ。手が届きそうで届かないところにあるのが本当の夢なんだよ」

横綱とは孤独なものです。横綱の気持ちは横綱になった者しかわからないとよく言われます。横綱には降格というシステムはなく、負け続ければ待っているのは引退のみ。相撲を取ること自体が許されなくなります。

横綱という最高位「山の頂上」で待ち構え、下から登りつめようとする強敵たちの強みを引き出し強くしながら、なおかつ最後は押しのけ、さらに自分で頂上以上の高みを見出し、ひたすらに孤独に登り続けるまさに「雲の上」の人。

4横綱時代が確定した千秋楽のパーティーで、「横綱、いまどんなお気持ちですか?」と尋ねたところ、横綱の答えは「小さいときに自分がテレビで観てた4横綱時代が始まるんだから、それはワクワクするよ!」。そして、「俺と一緒で相撲が大好きなお前なら、この興奮わかってくれるよな!」と肩を組んでくれました。

押しも押されぬ生ける伝説・白鵬関は、到底手の届かない「雲の上の存在」でありながら、僕にとっては相撲が好きで仕方がない仲間でもあるのです。

ご挨拶

千秋楽にあたり謹んでご挨拶申し上げます。

本ページで、無事千秋楽を迎えることが出来ました。

これも一重に皆様の温かいご支援、ご声援の賜物と厚く御礼申し上げます。

本書は、私、キンボシ西田が序盤で執筆の難しさに悩まされ休場致し、誠に遺憾ではございますが、西田を土俵に引き戻した新進古豪の編集スタッフ、担当社員はよく健闘し、白熱した攻防を展開、およそ一年遅れの完成ではございますが、ご期待にお応えできたものと存じます。

今後もこれまで以上に研鑽を積み、お笑い道の向上を目指し、全力にて努力していく決意でございます。

何卒一層のご指導、ご鞭撻を賜りますようお願い申しあげ、ご挨拶と致します。

令和2年　10月26日　吉本興業　西田淳裕

あとがき

超満員のお客さんの中、横綱大関といった強者たちの真ん中で、紋付き袴姿で挨拶する相撲協会理事長。

その威風堂々とした姿に憧れ、あとがきを協会ご挨拶風に書かせていただきました。

２０１８年12月20日、「西田さん、本を出しませんか」と言われてから約２年。

僕の本がようやく日の目を見ることとなりました。

本を出せるという喜びと、キンボシの西田淳裕という名前を世に残せるという嬉しさがあったのですが、どんどん執筆作業を進めていくうちに、名前が残るという責任の重大さに気づきます。そして、長い長い歴史を持つ大相撲を題材にした本で下手なことはできないと苦悶の日々を過ごしているうちに、気がついたら脱走を図っておりました。

担当者さんたちから、今日中に原稿をくださいと言われ、最初のうちは22時、23時と、締め切り当日中というギリギリのラインで原稿を送っておりましたが、そのうち、自分の中で拡大解釈し、日をまたいで明け方の4時とかに原稿を送る始末。その節は本当に申し訳ありませんでした。

今回、許可を出していただいた相撲協会、この本を出す機会を与えてくれた吉本興業、そして帯コメントをいただいた横綱白鵬関をはじめ、力士の皆様、相撲関係者の方々、ご協力いただいた宇都くん、近藤さん、編集をしていただいた後藤さん、担当社員の太田さん、携わっていただいたすべての方々に感謝しかありません。

本当にありがとうございました。
また来場所お会いしましょう

キンボシ　西田淳裕

※ 本書内の情報は2020年9月現在のものです。

西田淳裕（にしだ・あつひろ）

1987年8月2日、鹿児島県徳之島町生まれ。早稲田大学卒業。NSC東京16期生。有宗高志とお笑いコンビ「キンボシ」を結成。東京の劇場での活動を中心に、テレビ番組などでも活躍中。相撲大好き芸人として力士のプロフィールやワンポイント情報などを網羅しており、相撲関係の仕事も増えている。

キンボシ西田のひとり相撲ですいません。

著者
西田淳裕
［キンボシ］

2020年11月6日　初版発行

発行人　藤原寛
編集人　新井治

編集・挿絵　後藤亮平（BLOCKBUSTER）
装丁・デザイン　小澤尚美（NO DESIGN）
協力　龍見咲希（BLOCKBUSTER）
営業　島津友彦（ワニブックス）
企画・進行・編集　太田青里

発行　ヨシモトブックス
〒160-0022 東京都新宿区5-18-21
☎03-3209-8291

発売　株式会社ワニブックス
〒150-8482 東京都渋谷区エビス4-4-9 えびす大黒ビル
☎03-5449-2711

印刷・製本　株式会社光邦

ISBN 978-4-8470-9943-4
C0095